樂享晚美人生，讓親情不變調

安養信託 實例篇

李雪雯——著

安養信託，未來的長照明燈

這是一則之前，從威瑞財富管理顧問股份有限公司董事長陳慶榮處，聽來的真實故事。話說陳董事長有一位客戶，曾在與朋友的聚餐後突然倒下。旁邊友人見狀，立刻叫了救護車，將此人送醫。事後，這位客戶分享了他躺在救護車上送醫時的心情。

他說當時，腦海裡只出現一幕幕從小到大的歷程，以及「假設送醫之後『再也回不來了』，自己能否放下對家人的牽掛，就此安心地離去」的念頭。但是，隨即他又轉念並告訴自己：還好早簽立了信託契約，已經可以靠信託，解決他所擔心的事。想到此，便讓他心裡頓時釋然，也不再感覺到害怕……

經歷過這次事件後，這位客戶再三向陳慶榮及受託銀行致謝，感謝他們花了不少時間與精力，耐心地聆聽他的擔心與需求，並且一起努力幫他思考及擬定出一個，可以讓他無比放心的信託契約。

也是因著這位客戶的回饋，讓陳董事長更深刻感到信託的真正價值－放下心頭憂慮負擔，回復到幾乎沒有牽絆的自我人生；且讓信託顧問的價值，因此案例而得到彰顯：即使過程再辛苦再複雜，一切都值得了！其實，以上也是個人接觸許多信託業者，向個人分享的共同心聲。

在上一本《安養信託：放大你的退休金》書中，個人陸續介紹了安養信託的功能（優點），以及幾種一般大眾，可以用來進行退休規

劃的信託業務。書籍出版之後，個人陸續收到許多民眾的「回饋」。

這裡的「回饋」分為兩種，其中一種便是：我很認同安養信託的優點，以及在退休規劃上的功能。但是，我該如何進行退休規劃呢？正因為想實際開始進行規劃的民眾，有「千頭萬緒，不知從何而起」的感嘆，才有了這第二本書的出版。

整體來說，這本書主要是針對有心替自己規劃安養信託的人，提供 step by step 的規劃順序，以及在成立各種信託業務（例如有價證券、保險金、不動產……）時，特別應該注意的規劃重點。

至於另一種民眾的回答（回饋），則讓個人聽了之後感慨萬分，也想借此機會，與眾多讀者們一同分享。拜媒體對於信託業務推廣之力，民眾也漸漸了解信託的功能及優點，但卻永遠無法真正跨入「成立信託契約」這一步。根據側面了解，多數民眾非常在意的一點，就是信託管理費的成本。

這些民眾普遍的想法之一是：我的錢放在銀行裡，原本還有定存利息可領，但放在信託裡，卻還要多支付信託管理費；想法之二則是「自己的錢不多，若要扣掉信託管理費，也剩下沒多少錢了」。

對此，個人的觀點卻完全不同，甚至認為，只要是年紀稍長，特別是資產不夠多的人，更應該要成立信託。更何況，現在詐騙集團越來越專業與集團化了，民眾必須善用更高明的方法（例如信託），來「維護自己的財產安全」！

不可否認，很多人斤斤計較於 0.2% ～ 0.5% 的信託管理費（事實上，信託業者至少有提供定期及不定期給付的功能，從「使用服務

者付費」的角度，委託人繳交信託管理費，是再正常不過且合理的成本），卻完全沒想過：假設這筆已經為數不多的「棺材本」，因為詐騙或亂投資，變得一毛不剩時，自己該怎麼生活下去？更何況以「民眾把錢放銀行保管箱」為例，難不成客戶都不用付任何保管費用嗎？

聽到這裡，很多人都會向我拍胸脯保證：「我現在頭腦清楚，完全可以自己打理自己的財產，根本不用他人來幫我管錢」。但個人會緊接著追問：「明天與意外，都沒人知道哪一個先到，萬一突然失能或失智，或是遇到子女啃老，誰能保證你還能清楚地打理這些財產」？之後，個人只換來一段長時間的靜默…

觀念尚待推廣，客戶心態兩極化

就如同個人在撰寫本書，採訪許多信託業者的過程中，也分享了他們在信託業務推展上的辛酸與苦辣—來詢問的客戶永遠是兩極化：一種民眾總抱持著「不願意花小錢，只願意被騙大錢」的心態。所以，就算他們對信託的功能認同，也不願意及早成立信託；反而是一些觀念偏差的民眾，卻錯誤地認為成立信託，可以為他們省下大筆稅金！

至於第一線的承辦人員，也常常是對於信託業務的推廣「有心無力」。因為一來，當實務面出現問題、需要修改制度以配合客戶需求時，高層也完全無法「體會」及「支持」；二來，花在服務客戶的時間一多，且客戶又不願意針對諮詢部分付費時，就會被高層以「成本太高」而「打槍」。

就以文章後面會提到的 IT 系統更換為例，費用動輒是 500、600

萬元起跳。但是，銀行每份契約才不過收 2,000、3,000 元（最多不過萬把元），以及每月按資產規模收取 0.2% ～ 0.5% 的信託管理費，除非能在短時間，吸引到非常多的客戶，否則光是成本回收，恐怕就是耗日廢時。

當然，根據個人的觀察，部分民眾對信託業務「心存偏見」雖是事實，但信託業者也並沒有從客戶的需求角度出發，設計出讓民眾「眼睛一亮」，且心甘情願付費的信託業務及服務。

現階段，儘管金管會一直努力推廣信託業務，從原本的信託 1.0、信託 2.0，目前又準備推出信託 3.0。只不過，國內的信託業務，真的是前途一片光明燦爛嗎？根據個人私下的了解，各銀行對於向來不賺錢信託部門的態度，遠不如最賺錢的財富管理部門。

簡單來說，信託部門不賺錢，所以，銀行高層不願投入太多人力及資源，如此一來，就陷入了「因為不賺錢→不願投資→提不出具吸引力的創新業務給客戶→業績（客戶）進不來、不賺錢」的惡性循環。只不過，這些銀行高層卻未曾想過以下三大與經營有關的重點：

首先，高齡者才是資產最多的一群。明年（2025 年）時，國內每 5 位人口中，就有一位是超過 65 歲以上的高齡者。且這些高齡者，因為經歷了台灣 50、60 及 70 年代，經濟起飛的美好時代，累積了非常高額的財富，未來將是國內最有錢的族群。

如果銀行業還想要創造比其他業者更高的獲利，就得想辦法抓住 65 歲以上高齡者的錢，並長久幫他們管理財產。所以，金融業者不努力爭取這些「相對有錢人」的業務，不就是擺明把大好的生意「往外

推」？

其次，管理費的收取，才能長長久久。雖然透過理專銷售各金融商品，並向客戶收取佣金，可以在短期內，衝高金融機構的營收及獲利。但是，在大環境監理單位，越來越重視投資人（特別是高齡者）權益，並且避免其受到金融剝削之際，未來將會有更多金融商品的銷售框架，會「橫擋」在金融機構的面前，讓它們對高齡者金融商品銷售行為更加困難。

相反地，由於信託管理費的收取，是按照「客戶信託資產的一定比例」收取。所以，只要能幫客戶的資產「持續變大」或「不快速縮水」，對金融機構來說，這就是一筆長久可以拿到的穩定收入。

再者，業務越「制式化（標準化）」，才越能讓業績倍速成長。可以這麼打比方，「客製化」信託是純手工業，服務一位客戶，需要一位或多位的人力（還不論此人是否具有全方位的理財規劃專業）、耗費一定的時間，才能服務完成；但如果是「制式化」契約，同樣的人力及時間，卻可以同時服務更多的客戶。

然而，發展「制式化」契約業務的最大關鍵，就來自於「熟悉客戶的真實需求」，以及「電腦系統的導入及投資」。

所以，第一個信託發展障礙，就在電腦 IT 系統。可以這麼說，當欠缺電腦系統進行輔助時，信託業務就會變成「純手工業」。也就是從前端的「提供一對一客製化服務」，到後端客戶帳目處理，全都得靠人工完成。

然而，純手工必須完全靠人處理，但人力成本則會越來越貴。未

來，可能連客戶稍微複雜的帳戶，都沒法處理。惡性循環之下，業務量自然是「越做越小及越少」。

有了電腦系統的信託部，才是可以大量生產、複製業務的製造業。如此一來，信託部不僅能透過制式化契約，吸引並讓大量客戶快速簽約、降低每單位人力成本，且電腦系統也能夠低成本地，處理大量客戶的複雜帳務，不會讓信託部門的人有「前台客戶收越多，後台處理人員越恐慌及拒絕」的情形。

因為就個人的側面了解，很多銀行目前在處理客戶信託帳戶時，都是採取「人工」方式處理。而金融機構不願意導入 IT 系統的原因，除了建置動輒幾百萬元的投資外，最主要就是「現有客戶沒多少」，造成信託業務根本「不賺錢」，或是只想「找能賺錢的大案子」，完全不服務小客戶。

但，這就會落入到「雞生蛋，還是蛋生雞」的窠臼中。因為，如果金融機構繼續用昂貴的人事成本，來處理客戶帳務，業務量就永遠不可能「大量複製及擴張」，只能一輩子當「收益慘淡」的「手工業」，就算有大量的客戶需求，卻根本沒有「低成本的人力」可以消化。

至於另一個國內信託業務發展障礙，就在於信託專業人才的缺乏。關於信託的規劃，其所牽涉的投資理財知識與專業，真的是非常廣泛。所以，假設業者想讓信託部門，由產出不多的「手工業（客製化）」，邁向大量產出的「製造業（制式化）」，除了關鍵的 IT 系統建置外，信託業者勢必得與外界專業人才進行「聯（共）銷」才行。

這是因為「客製化」信託業務，必須靠有能力的專業人力，來處

理高齡客戶千奇百怪的投資理財需求。然而，這又會回到前面「雞生蛋，蛋生雞」的問題。當金融機構信託部門，都還沒有賺錢之前，哪有那麼多的財力，可以聘請各種投資理財規劃方面的專家，以備客戶不時之需？

這個時候，外部專家的運用，才會是解決各金融機構，未來在推廣信託業務時，最為有效且堅強的「後盾」。不過，儘管目前依照信託公會就會員所提信託 2.0「委外推廣暨異業結盟」之相關建議規畫的建議，信託業者可以委託外部人員，來進行信託業務的推廣。但根據個人私下了解，真正在進行「共銷」的案例並不多。

可以這麼說，如果金融機構不先建立好基礎，或是善用外部資源，以接觸及提供客戶想要的便利服務，客戶怎麼可能願意主動參與？銀行如果光是想坐等客戶來，並且只挑自己好做、容易做的信託業務，那恐怕是會等到天荒地老的。

將心比心很重要，看待個案須存善念

記得個人在採訪過程中，曾有業者說：「信託可以將人的夢想落實」。但事實上，信託業者在承辦相關業務時，似乎還沒有從「使用者」的需求進行考量，並提供相關的業務。

舉例來說，「有價證券」的定義雖然包括國內上、市櫃公司股票，也同樣包括共同基金及 ETF。但弔詭的是：現在各家銀行就算有承作有價證券信託，卻是「只收國內股票及債券」，不管民眾是透過銀行特定金錢信託買進的基金，或是自己到投信公司購買的基金，則一律

是「全都不收」！

　　至於為何不收基金的理由，根據個人的四處打聽跟詢問，答案則是千奇百怪，從「特金的目的是投資，安養信託的目地是退休安養，兩者目的不同」、「投資透過銀行買基金，只是拿到受益憑證，所有權不是投資人而是銀行」、「基金不像上市櫃公司股票，並沒有進入集保公司，所以無法移轉到信託帳戶，且未進入集保的有價證券，恐會有真偽認定的問題」、「銀行特定金錢信託與一般安養信託的電腦系統不連線（這一點還算是個理由，但也同樣未考慮民眾的需求）」，一直到「投信投顧公會為擔心洗錢，所以規定基金申購人與受益人必須是同一人，假設基金入了信託專戶，基金的受益人就變成受託銀行，而可能會與申構人『不同一人』」……。

　　以上每一位業者及專家都言之成理，卻沒有人可以 100% 解釋，為何同屬有價證券的國內股票，可以交付信託，但國內基金卻不行？而且，就連在同一家銀行買的基金，也都不能直接交付信託？

　　假設是因為透過銀行「特定金錢信託」方式持有基金的投資人，並非個人名義，而是以銀行的名義投資，所以無法交付信託。那麼，為何投資人直接到投信公司買的基金（投資人拿到的是「個人名義（字）」的基金受益憑證），卻也一樣不能交付信託？且如果問題是出在票券真偽，為何納入集保的國內 ETF 可以交付信託，但同樣也交付集保的境內、外基金，卻不可以交付信託？

　　儘管原因沒有定論，但唯一可以確定的是：目前幾乎沒有一家信託業者，願意收基金做有價證券信託。

從此一邏輯，就可以看出國內信託業者，根本無視信託客戶的真正需求在哪裡？且更突顯銀行信託業務的發展，並未站在客戶實際需求的角度出發。因為，現在單筆或定期定額買基金，以進行退休規劃的人不少。這些人之所以不買個股，就是因為基金較能分散「投資單一標的」的風險。

然而，這些基金的投資人，現階段若想要成立信託，以保全個人的財產，很抱歉，信託業者的建議全都是：請把這些過去所買的基金通通贖回，然後再以現金的形式，到銀行成立金錢信託。

假使委託人還想繼續持有這些標的，業者建議可以當天同時進行贖回，以及申購動作。只不過，根據個人向投信投顧業者請教之後發現，這些動作，根本不可能在當天就完成。

因為以贖回後，拿到錢最快的國內貨幣型基金為例，也要一、兩天（國內股票型基金約二、三天、海外基金則起碼要一週左右）。就算委託人先開好信託帳戶，如果手邊沒有其他餘錢，也得等贖回的款項，進入到信託專戶裡，才能再申購原先有買的基金。

更何況，透過信託專戶去下單，還必須有一定的程序，並不是像一般投資人那樣，可以達到立即下單的結果。如此一來，投資人（委託人）會有以下兩大風險：

首先，就是可能多一筆原基金贖回，以及新基機金重新申購的費用。其次也是最重要的，就是「賣低買高」的風險。所有過去存下來的基金及ETF，可能會在市場價格大幅波動時「賣到最低點」，然後「買在最高點」。至於忽視投資人此一時間風險的信託業者，還有藉口說

是照顧及關懷客戶嗎？

優化推廣流程，持續蓬勃方有機會

另以民眾持有不動產為例。有的銀行單單連不動產保全信託，都不願意承作。銀行普遍的說法是：由於不動產在信託後，暫時移轉給銀行，民眾一來不願意不動產產權，改登記為銀行（即「不再登記於個人名下」），再加上無法享有自有住宅優惠稅率（詳細說明，請見「不動產＋信託」篇），所以，普遍不願意承作。

但，銀行可曾向民眾解釋「正是不動產產權的暫時移轉，才能起到『資產保全』的功能」？或是甚至，協助民眾跟國稅局爭取？就個人所知，是有銀行曾主動跟國稅局爭取，雖然結果未知，但假設銀行連幫客戶爭取的舉動都沒有，又如何擔得起信託業者「照顧大眾全方位投資理財服務」的名聲？

這裡，順便再舉一個不動產保全信託收費的例子。據了解在收費上，各家銀行還是依照一般金錢信託的模式—「依信託資產規模一定比例」計收。以一間價值是 1,000 萬元的房子，另一間是 5,000 萬元為例，後者所收的信託管理費，則要比前者多了 5 倍。

但問題是：一般民眾想要做不動產保全信託，目的就是怕自己失能或失智，名下賴以安住的房子，會被有心人給「整個端走」。所以，單純從「不動產保全」的角度來看，1,000 萬元及 5,000 萬元房產的人力成本，可以說都是相同的。只是，為何委託人得付不一樣的信託管理費？

　　根據熟識的代書表示，不動產保全信託的相關收費，會與工作性質及內容有關，其定價是依「土地及房屋公告現值」、「工作量」及「受託內容」而有差異。舉例來說，一間 1,000 萬元的店面在高雄出租，但租屋人常不繳房租；另一間 5,000 萬元房子在台北，收租狀況正常，其收費自然會不同。但是，如果單純是幫客戶「保管（全）」不動產，且據了解，不動產移轉時，地政事務所的公告地政規費，是依照「不動產（包括房屋及土地）公告現值的 0.1%」，收取「一次性的費用」。何以到了受託銀行，卻是「每月依不動產資產金額多寡，按 0.2% ～ 0.5%」來收費？

　　且以「留房養老＋信託」業務為例，雖然有多家銀行願意承做，但是，將房屋出租，民眾必須自己去找人（或銀行提供的合作包租代管業者，大多數並不是一條龍的服務）出租，再把租金匯入到信託專戶中。簡單來說，這根本不是「留房養老＋信託」，而是不折不扣的金錢信託。

　　再例如信託資產的運用，銀行的齊一說法都是：既然退休了，退休金就得保守操作，不宜過於積極。若要投資，最好把一部分想要投資的錢，放在信託專戶以外去自行操作；信託帳戶內，就保留一定的「保命錢」就好。未來，在外自行操作的資產若有獲利，或是信託帳戶內的錢不夠用時，再把「信託帳戶外的資產，匯入到信託專戶中」。

　　這樣的理由很好，但是，一直號稱是「最能讓投資理財大眾放心的好朋友」的銀行，為什麼不能想出一條龍的服務模式，讓未來有可能因為失能或失智、沒辦法有意識行為表示的高齡者，不用去冒「將錢轉來轉去」的風險？

業者的說法是：只要有信託監察人，未來在信託專戶外的錢，隨時可以轉入信託專戶裡。但是，為什麼委託人的錢，都放在信託專戶裡，信託業者就不能幫其進行所謂的「資金配置」（這裡的資產配置，並非是每天或常常進出買賣）？也就是將委託人一部分的信託資產，做為基本生活費用；另一筆資產，因為沒有馬上要動用，則可以進行較為穩健的投資？

對此，個人實在難以理解：既然過往銀行，都不斷對民眾灌輸「資產配置」的概念，為何銀行信託部門，卻不能身先士卒，幫客戶解決信託資產的「配置」問題，一律認定民眾之所以想投資（讓錢變大），就一定是短進短出、類似股票當沖的投機操作行為？

更何況，幫客戶進行退休規劃上的資產配置，不就是銀行原本的專業嗎？就算銀行因為人員少，不足以提供服務，難道不能藉由外在的專業理財顧問，提供這樣的服務給客戶嗎？

唯有資金充裕，安養信託才有效用

個人之所以花這麼多的文字，一一敘述信託業務發展的瓶頸與困難，就是認為，銀行如果只是想挑好承作的業務才做，並不考慮民眾心裡真正的退休需求，信託業務永遠就只會落入以下的「惡性循環」—信託部不賺錢，所以不加人，也不換系統。

然而，銀行不願加人（特別是專業人才），就沒有案源進來（因為每一位客戶都要專人服務及規劃）；不投資系統，則客戶的帳戶，

每一筆都需要「人工處理」，且由於人工昂貴，更加坐實了「信託部不賺錢」的結果。最後，就只是坐等客戶上門，不會積極思考該用什麼方法，也就是依照客戶的需求，去設計整個作業流程，以便能讓業務量大幅提升？

所以總的來說，不管是監理單位、業者或民眾，其實都有不少需要突破的問題點。且很多問題因為盤根錯結、互為因果，常常難以找出源頭並解決。但是，就像陳慶榮董事長所說：與其歸究於哪一方的問題，不如先有一方「遞出願意改變的橄欖枝」，先從雙方最能接受、成本最低，且最有誘因的地方開始做起。特別是信託業者及顧問，必須要能先向民眾，充份展現其專業、熱忱，以及真正能解決問題的能力。因為，先沒有一小步、一小步的開始，相信這個有利於民眾的信託業務，永遠都不可能持續進步及澎勃發展的一天。

在文章的結尾，個人還有一個「致歉」、一個「提醒」，以及一個「感謝」。首先，要向讀者致歉之處在於：許多業者對於個人收集契約條款的心態「頗有疑慮」，所以，未能幫讀者收集齊全市場上，所有從事安養信託業者的制式化契約條款。但是在「安養信託制式化契約有什麼玄機」一文中，個人依舊努力閱讀每一份收集到的契約條款內容，挑選對於客戶（委託人）有利的項目，將各家具有特色的條文內容呈現給讀者。

至於想要成立安養信託的民眾，又該如何進行選擇呢？個人的建議是：信託業者的專業度，以及願意幫忙客戶解決問題的熱忱，遠比契約條款的周延及嚴密更加重要。因為，當前面兩項條件成就時，信

託業者也比較願意讓客戶，依其想要的內容「修改契約」。

其次，個人想要提醒所有，希望藉由安養信託，幫自己打造晚美退休人生的民眾，千萬不要對於信託，產生不切實際的幻想。這是因為信託的最大功能就在於「資產保全」及「專款專用」。只不過，它畢竟不是解決個人退休財務問題的唯一解方。簡單來說就是：民眾千萬不要用安養信託，來解決個人退休金不足的問題。

舉例來說，假設民眾將所有資產交付信託之後的錢，一個月只能分配到一萬元，當事人只有兩條路：一是讓自己完全適應「月花一萬元的生活（不然，你還能怎麼辦）」；另一條路，就是再找一份固定收入，以便補充生活費用的不足，而不是認為信託業者，應該要把原本每月的一萬元，提高到可以讓自己生活無憂的水準。

最後，個人也想藉此版面，依序（按公司筆劃順序）感謝立峰理財規劃顧問公司執行董事廖一聰、台灣金融研訓院「高齡金融暨信託專業課程」講座張齊家、菁英講座講師徐紹彬、信託公會組長張大為、陳美吟、威瑞財富管理顧問股份有限公司董事長陳慶榮、建業法律事務所資深合夥律師馬傲秋、桃園市信託發展協會秘書長黃國霖、國泰世華銀行信託部協理陳美娟、經理邱奕德、統一保經總經理徐采蘩，以及遠東國際商業銀行個人金融事業群信託部部長田念昕。

除此之外，個人當然還要感謝許許多多，受制於銀行嚴格的對外發言制度，只能單純提供建議及資料，以便讓民眾更了解信託的優點，卻完全不在意被具名感謝的受訪者們。

沒有以上專家們紮實的理論基礎，以及豐富的實務經驗，這本專

安養信託〔實例篇〕

門談信託規劃實務專書，就不可能面世。他們，才是本書出版的最大功臣。個人願意將寫書的所有功勞，全都歸給他們！

李雪雯

Chapter 1
規劃

1-1 信託規劃的流程與重點

本章節將依序介紹信託成立的流程,以及各流程中所需注意的重點,方便讀者在成立信託上能夠更順手及快速。

在上一本《安養信託:放大你的退休金,打造晚美人生》一書中,個人介紹了安養信託的功能、優點,以及為什麼信託,是想要安穩退休族群的「最佳解」?但問題來了,對成立信託有興趣的民眾,該如何開始呢?

所以這一章,我將依序介紹信託成立的流程,以及各流程中的重點,以便讓讀者在成立信託上,能夠更為順手及快速。一般來說,信託成立的流程,如下圖所示(圖 1-1-1)。

圖 1-1-1 成立「信託」的流程

第一步	規劃信託架構
第二步	簽訂信託契約
第三步	信託開戶
第四步	交付信託財產
第五步	生效及執行

資料提供:國泰世華銀行

　　理論上，由於多數安養信託契約已經「標準化」，所以，客戶一旦對於標準化契約沒有特別的意見，第二階段的簽約，大概在當下就可以完成。之後，可以直接到第三個階段—「信託開戶」，以及第四個階段的「交付信託財產」。假設客戶所擁有的財產屬於金錢部分，可以開立台幣及外幣帳戶；假設是股票，銀行也會先開好集保帳戶，讓客戶將股票匯入到此一帳戶中。至於最後一個階段，就是在信託財產交付之後「生效及執行」。

　　以上五個階段，不論是一般或是預開型信託，流程幾乎都是差不多的。只是預開型信託會有約定「在沒有信託給付之前，不收取信託管理費」，或是「在什麼條件之下，會有信託管理費的優惠，或是減收的期間」。

　　假設客戶採用「制式化（標準化）」契約，通常只要從選填項目中進行勾選即可。其優點是：只要客戶看了沒問題，最多只是考慮信託監察人，將找誰來擔任？還要再問對方是否願意擔任？快的話，可能當下就可以完成。當然，也有可能 1 ～ 2 個月才簽完。至於從簽約到開戶，這個時間則是完全由銀行方所控制的，通常大約就是 5 ～ 7 天的時間。實際根據銀行信託部門的經驗，一般不太複雜的標準化契約，整個流程平均差不多是 2 ～ 3 個星期的時間就可走完。

　　此外，「制式化（標準化）」契約也有「費用相對便宜」的優點。只不過，既有優點，則必有缺點。雖然簡單、簽約快速，受託銀行也幾乎不允許客戶，更改契約裡的內容（或只容許少許修改，且會依修改內容多寡，而酌收修約費）。但是，假設客戶要求複雜，標準化契約無法滿足客戶需求，銀行就會幫客戶擬客製化契約。擬好後，客戶

還要看看同不同意？哪些地方還要再修改？所以客製化契約的流程大致與制式化合約相同，只是在擬定契約時，需要多花一些時間，且銀行與客戶來來回回討論的次數較多，實際簽約的時程就會向後拖延。時間可能從 1 ～ 2 週、1 ～ 2 個月，甚至可能 1 年以上還「搞不定」。

事實上，在以上五個信託成立的流程當中，「信託規劃」是其中最重要的步驟。接下來，我還會將流程，稍微細分為以下六個步驟（圖1-1-2），並且一一解說如下：

圖 1-1-2 一般信託規劃的流程

步驟 1	客戶的目的及需求？為何要成立信託？
步驟 2	會交付哪種類的財產？
步驟 3	財產目前是在誰的名下？
步驟 4	信託要照顧誰？
步驟 5	是否需要設定信託監察人？
步驟 6	有沒有特殊的約定事項？

資料提供：國泰世華銀行

「信託規劃」的六大步驟

1. 確認客戶的目的及需求，客戶為何會想要做信託？民眾要做信託之前，一定要先確認：自己為何要做信託？你希望透過信託，要完成什麼事？要避免什麼事？而整個信託規劃的最大關鍵重點，就在於

「委託人的想法」，也就是他們「擔心的是什麼」？「想要避免什麼事情發生」？又或是「想要完成什麼事」？

例如客戶是擔心自己退休安養問題？子女教養問題？還是要財富傳承？甚至是身心障礙者子女的照護？而透過這些問題，可以讓信託部人員得以快速地聚焦客戶的需求，並且立即提供客戶有用的參考資訊，以免浪費雙方的時間。

當然，每一個人與銀行簽立信託契約的目的，可能並非單一，而是想同時解決好幾個需求及目的。例如高齡者，雖然有退休安養需求，但也不能排除會有其他目的，像是「資產傳承（主要是為了節遺產稅）」、「子女安養（為身心障礙子女的生活及退休進行安排）」，或是「資產保全（避免啃老族吃光自己的退休老本）」等等（請見表1-1-1）。

但是，對於想要成立安養信託的民眾來說，並不是每一家銀行，都有同樣的這類表格問卷（有些就算有，通常也不會是由客戶填）。以國泰世華銀行為例，考量信託具客製化特性，會透過面對面或電話互動方式，釐清客戶想成立信託的需求與目的，再提供適合的信託規劃建議。

表 1-1-1 不同「族群」的信託需求

族群	信託需求	可能使用信託業務
高資產	資產隔離、退休規劃、安養照顧、資產傳承、公益慈善、稅務規劃	安養信託、不動產信託、有價證券信託、公益信託、遺囑信託
特殊職業（例如醫師……）	資產隔離、退休規劃、安養照顧、資產傳承、稅務規劃	安養信託、不動產信託、保險金信託
企業主	資產隔離、安養照顧、資產傳承、公益慈善、稅務規劃、照顧員工	安養信託、不動產信託、有價證券信託、公益信託、遺囑信託、員工福利信託
高齡者	資產保全、安養照顧、資產傳承、公益慈善	安養信託、公益信託、保險金信託
單身者	資產保全、退休規劃、公益慈善	安養信託、公益信託、保險金信託、遺囑信託
身心障礙者	資產保全、安養照顧、公益慈善	身心障礙者信託
年輕人	資產保全、退休規劃、公益慈善	安養信託、公益信託、保險金信託

製表人：李雪雯

　　另以遠東商銀為例，所有想做安養信託的客戶，都會先填以下的一份表格（請見圖1-1-3）。至於填寫此一表格的目的有二：其一，是「釐清客戶的信託目的（需求）」；其二，則是與「使用者付費」購物車的概念有關。因為，受託銀行會依照所提供的相關服務，而收取不一樣的費用。

圖 1-1-3 遠東商銀客戶填寫表格

遠銀信託服務 線上 實體諮詢相關資訊表（自然人）

一、客戶基本資料（可提供大概，如高先生、王小姐，年紀約 35 歲）

客戶稱呼 （姓／先生、小姐）	年紀約	行業別： 職業稱呼
居住城市區域：		

二、客戶目前的狀況及所需服務敘述

_____

_____

_____

_____

_____

_____

_____

_____

_____

_____

_____

_____

_____

_____

_____

_____

三、希望了解信託服務：

信託主要目的：（可以複選）

□安養照顧	□退休規劃	□資產保全	□資產隔離	□各式收支
□公益善事流	□稅務規劃	□資產傳承	□家族傳承	□專利權金流
	□各項金流	□其他		

受益人：（可以複選）

□自益
□他益　　　　　幾位：＿＿＿＿＿＿＿　關係：＿＿＿＿＿＿＿

信託資產

資產項目	資產大約值	信託目的
金錢（存款）	台幣： 外幣：	□安養照顧□退休規劃□資產保全 □資產隔離□各式收支□公益善事 □稅務規劃□資產傳承□家族傳承 □專利權金流□各項金流□其他
金錢（投資）	台幣： 外幣：	□安養照顧□退休規劃□資產保全 □資產隔離□各式收支□公益善事 □稅務規劃□資產傳承□家族傳承 □專利權金流□各項金流□其他

資產項目	資產大約值	信託目的
保險金	現有保單（類型／估值） ＿＿＿／＿＿＿ ＿＿＿／＿＿＿ 即將承保（類型／估值） ＿＿＿／＿＿＿ ＿＿＿／＿＿＿	□安養照顧□退休規劃□資產保全 □資產隔離□各式收支□公益善事 □稅務規劃□資產傳承□家族傳承 □專利權金流□各項金流□其他

有價證券	名稱／張數 _____／_____ _____／_____ _____／_____ _____／_____	□安養照顧□退休規劃□資產保全 □資產隔離□各式收支□公益善事 □稅務規劃□資產傳承□家族傳承 □專利權金流□各項金流□其他
不動產	自用（地點／價值） _____／_____ _____／_____ 出租（地點／價值） _____／_____ _____／_____	□安養照顧□退休規劃□資產保全 □資產隔離□各式收支□公益善事 □稅務規劃□資產傳承□家族傳承 □專利權金流□各項金流□其他
其他		□安養照顧□退休規劃□資產保全 □資產隔離□各式收支□公益善事 □稅務規劃□資產傳承□家族傳承 □專利權金流□各項金流□其他

信託延伸周邊服務（請勾選）

一、理財相關諮詢及服務

□整體財務規劃諮詢服務：個人、家庭財務、金流、投資、收支、風險現況分析及調整建議

□投資諮詢服務：現行及未來投資組合評估與建議

□保單諮詢服務：現行及未來保單檢視與調整建議

二、生活護理諮詢及服務

□安養照護機構設定：長照機構或護理之家建議、訪視、設定

□養生村機構設定：養生村建議、訪視、設定

□智慧健康照護：智慧監視系統、自動通報系統、緊急事故通報、緊急醫療護送

三、法務諮詢及服務
□預立遺囑：預立醫療決定、大體捐贈同意
□意定監護：還沒有失能、失智的人，可以預先以契約方式和受任人
　約定，當自己發生符合《民法》規定意思表示能力受限時，由法官
　指定這位受任人為自己的監護人
□輔助宣告：自然人如有精神障礙或其他心智缺陷，致其為意思表示
　或受意思表示，或辨識其意思表示效果之能力，顯有不足者，法院
　得以聲請人之聲請，為輔助之宣告，並同時選出輔助人來幫助受輔
　宣告人處理事情，像是受輔助宣告之人為某定特定行為如：消費借
　貸、訴訟行為等
□保險理賠給付：保險理賠資料收集及申請
□遺囑訂定及公證
□信託監察人設定及服務：擔任信託監察人或信託監察人介紹

四、退休住宅居住計畫諮詢及服務
□住屋通用設計及改造
□都更、重建暫時居住安排
□自身或親友土地重建
□換屋服務
□不動產活化
□包租代管服務
□不動產傳承、繼承規劃

五、身後事服務
□生命禮儀安排設定
□祭祀及掃墓
□其他

六、管家服務

□家事清潔打掃

□寵物託寄、照顧、安置服務

□啟動安養照顧安置服務：安養照顧發生時移動至安養中心、護理之家、養生村等服務、安置服務

□其他特殊服務：如身心障礙者特殊醫療、教育、日常生活打理等各項特製化的服務（建議合約簽訂後立即生效）

資料提供：遠東商銀

事實上，不管客戶有沒有親自填寫一份，由銀行所提供的制式化問卷表格（例如透過電話訪談時，則是由銀行員勾選），信託規劃都包括了以下四大重點（請見圖 1-1-4）：為什麼要成立信託（信託需求）？可交付的資產是什麼？成立信託，是想要照顧誰？以及給付內容及頻率（定期、不定期或特殊給付）。之後，信託業者就根據這些內容，逐步幫客戶落實信託規劃。

根據信託業者的說法，他們接觸到的客戶，若是一般民眾，退休安養多數靠自己規劃的資源，並搭配政府的資源做安養照顧；若是高資產的人，除了安養照護外，信託目的另有「資產保全」及「資產分配（分配日後生活上安養照護，以及傳承的使用比例）」。

2. 客戶要「交付什麼財產」？假設客戶所交付的是金錢，那就要接著思考投資的相關問題；一旦客戶交付的是股票，則會考量客戶信

圖 1-1-4 信託規劃的四大重點

為什麼要成立信託（信託需求）？	可交付的資產是什麼？	成立信託是想要照顧誰？	給付內容及頻率
資產隔離	金錢：金錢信託	為自己：自益信託	定期給付
資產保全	不動產：不動產信託	為他人：他益信託	定期給付／不定期給付（特殊／彈性給付）
退休規劃	有價證券：有價證券信託	自己與他人：部分自益、部分他益	
安養照顧	保險理賠金：保險金信託		
資產傳承			
公益慈善			
稅務規劃			

託的需求與目的，思考「全部自益」、「全部他益」，或「部分自益、部分他益」等多種規劃方式，何者較合適使用？

假設客戶所交付的是金錢，那就要接著思考投資的相關問題：一旦客戶交付的是股票，則需要考慮「是否要將客戶的股票交付信託」？或是建議客戶「將所有股票在高檔賣出，而成立一個金錢型信託」。且股票在規劃時，還有「全部自益」、「全部他益」，或「部分自益、部分他益」的多種規劃。又例如將不動產納入信託規劃，可以設計成「本金（房子）他益（給子女）」、「孳息（租金收入）自益（自己退休養老）」，也就是「部分自益、部分他益」。所以，現金、不動

產及股票，都可能有「部分自益、部分他益」，詳情請見（圖 1-1-5）。

實際以現金 2,000 萬元爲例，可以設計成兩種模式：首先，2,000 萬元全設計爲「純自益」信託；其次，其中 800 萬元，規劃爲「純自益」的安養信託，至於剩下的 1,200 萬元，則以節稅爲考量，規劃爲「純他益（贈與給子女）」的信託。以後者來看，由於兩者的信託目的不同，必須成立兩張信託契約。當然，若高齡者既有現金，又有股票、不動產及保單，是可以放在同一張安養信託契約中，但就是「純自益」的信託。

圖 1-1-5 資金來源及交付資產，決定安養信託是他益或自益？

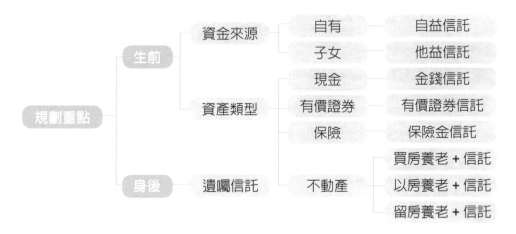

此外，特別是想要將不動產（租金）交付信託，那麼，委託人就必須了解，自己可能負擔的費用有哪些（例如營業稅的增加、所得稅的增加等）？能不能接受這些額外的費用？

因爲根據信託業者的說法，過往在提供信託規劃建議時，只要一提到「稅負增加」，大約五、六成的客戶都「無法接受」。一旦如此，

後面的規劃也就完全沒法繼續下去了。所以可以這麼說，「資金來源」及「交付資產」在信託規劃中，之所以具有舉足輕重的地位，部分理由也是因為這兩者，會決定信託契約是「自益」或「他益」？「會成立哪一種信託」？以及「可能要負擔哪些稅賦」？詳請請見（表 1-1-2）。

表 1-1-2 不同的資產型態—影響信託目的、做法

信託目的	可能來源或做法
生活費、小額固定支出	現金（定存及活存）、不動產租金、固定配息股票／基金或 ETF、保險金（年金險）
額外大筆支出；醫療、看護、旅遊……	投資（股票、基金或 ETF 的賣出）、保險金（重大疾病險、住院醫療險、長期看護險、失能險……）
資產傳承（因委託人有高額資產、遺產稅可能很高，故有節遺產稅的需求）	「本金他益、孳息自益」的有價證券或不動產信託
節稅（因委託人有高額股利會併入個人綜合所得總額中，故有節所得稅的需求）	本金自益、孳息他益有價證券信託

製表人：李雪雯

    3.未來交付信託的財產，目前是擺在誰的身上？與此相關的問題是：委託人是誰？他要交付什麼財產？過去，銀行信託部門曾經遇到過，客戶想要做安養信託，也談了半天，但可以交付信託的財產，卻是掛在小孩的名下。

    然而，假設財產是在小孩子身上，那就是小孩子來做自益信託，

然後客戶當信託監察人，讓小孩子不要隨便亂花錢。如果錢在小孩身上，是要給父母用，那就只能成立他益信託，同時，當事人（小孩）就會衍生出贈與稅的問題。

4.當事人想要照顧的是誰？也就是「信託的受益人」是誰？在信託關係人（委託人、受託人、受益人、信託監察人）中，受益人決定了信託是「自益型」或「他益型」。且只要是「他益型」，都一定會衍生出相關的稅賦（課稅）負擔。

建議民眾在設計安養信託時，一定要先想好：誰是信託的受益人？一般來說，安養信託多半的受益人及委託人都是自己，但在實務上也未必如此。據個人私下了解，許多貴婦，通常是要她先生當委託人，自己為信託受益人。

過去，是有不少信託業者表明，完全不接受「設立共同受益人」的做法，若夫妻兩人都要成立信託，就必須分別各成立一張信託契約，以避免其中一人身故，有繼承權的小孩來吵。

但是，也有少數受託銀行，是可以接受設立「共同受益人」，例如「夫妻二人，都當信託受益人」。其中一人若先走（身故），信託契約還可以持續下去。

而為了避免夫妻一方先走，兒女跑來爭繼承權，有的銀行會看委託人，是否有預立遺囑？因為，假設委託人都認為信託很重要，當自己不在時，信託裡的錢，就是要繼續留在安養信託中照顧另一半，則會立一份遺囑並交待繼承人（子女）：只要繳了遺產稅後，財產就變成由另一伴繼承，並繼續在信託專戶中照顧另一伴。

不過，就算委託人未在生前就預立遺囑進行交待，遇到這種狀況，可能會採取以下兩種「折衷」的做法：

（1）信託受益權就會變成由媽媽和小孩「共同受益」，當有定期給付時，錢就媽媽及小孩依受益比例受領。

（2）假設小孩執意要先拿走他繼承的那一部份，就可以跟受託銀行申請，銀行就會把小孩的那一部份，返還給小孩。當然，銀行這樣做會很麻煩。因為，假設信託財產是現金，還好處理；假設部分買了基金，部分剩現金。又不可能全把現金給小孩。這個時候，就必須解掉（贖回）基金，衍生出投資部位「變現」的問題。

此外，信託業者雖然接受「設定共同受益人」，但也會同時要求設定「受益權比例」。當然，設立「受益權比例」，可能並不符合信託成立後，未來夫妻兩人的實際花費需求。因為當受益權比例確定（例如一人一半）之後，其中一人若花費較多時，就沒辦法用另一位配偶的額度，不過，也有某些銀行就特殊給付項目訂有彈性約定，可降低受益權比例限制所產生的影響。

根據業者的說法，之所以要設定「受益權比例」，除了明定受益人的受益範圍外，也是為了方便配合稅法相關規定辦理。因為每年一月，信託業者（受託銀行）都須將信託財產孳息所得，轉開扣繳憑單給受益人。一旦信託契約明定受益比例，受託人較方便辦理。另外，萬一有受益人身故了，也有依據能計算出身故受益人之「未領受信託利益」是多少？假設夫妻二人各有50%的信託利益，其中一方身故後，就馬上可以算出其未領受信託利益是多少？

所以，「允許共同受益人，並且設立受益權比例」，是業者為了配合客戶的真實需求，以及稅局的課稅要求下所採行的實務作法。因為，夫妻贈與本就不計入遺產總額。搞不好當初的財產，都是放在先生身上。先生認為，自己有照顧配偶的責任。如果自己先走，那誰能照顧另一半？所以，就透過信託來幫忙實現，並利用共同受益人的方式訂立契約。

5. 要找誰當信託監察人？信託監察人之所以重要，是因為家家有本難唸的經，銀行信託部人員也沒有辦法，時時刻刻待在客戶的旁邊。所以，當委託人發生任何狀況，又沒有辦法通知銀行啟動信託給付的話，就需要信託監察人來擔任這份工作。

根據銀行的說法，很多退休養信託都是「自益型信託」。一旦當事人昏迷、被送到醫院去，並且急需信託的各項給付時，就幾乎沒有人會通知銀行啟動信託機制。因為當事故發生之後，沒有信託監察人時，銀行就算知道財產在那裡，錢沒有進到信託專戶，依法也不能做什麼動作。

所以，當客戶想要在銀行成立自益型安養信託時，銀行一定會特別提醒客戶，要設一位信託監察人。畢竟在平均壽命不斷增加之下，高齡者健康惡化及失智等問題，就不得不去及早思考及面對。

理論上，信託監察人只是從「保護受益人」的角度，以監督受託人「有沒有依照信託契約來執行」？以及「是否有違害到受益人的權益」？但是在個案實務上，還會賦與信託監察人其他的職責。

舉例來說，信託契約的終止及修改，要經過信託監察人的同意。

因為，如果委託人是時好時壞的失智，會不會有其他人，帶著委託人到銀行，把信託契約給終止掉？或是一定金額以上的費用，可能需要信託監察人的同意。這是由於一般的費用，像是看護及醫療費，都會有一個合理的標準。當一大筆可能有爭議性的費用要支出時，就可能需要多一位信託監察人進行審核。

6. 設定「定期或不定期（特殊／彈性）給付」項目及金額。有關信託支付部分，所謂的「定期給付」，一般像是定期生活費的支付；另一種則是「偶發性（不定期／特殊／彈性）」的支付項目，例如住院的醫療費用。

「有裁量權」的信託

主管機關在信託 2.0 的階段（其實信託 1.0 也一樣），就希望信託業者發展「有裁量權的信託」，也就是受託人（銀行）具有裁量權。這裡的「裁量權」包括兩個部分，其一是「信託財產的管理及運用」，其二則是在「信託給付」方面。

首先，在「信託財產的管理及運用」方面是指：當委託人無法下買賣（投資）指示時，在一定條件範圍內，可以由受託人（銀行）陸續將信託財產處理（變現）掉，然後把錢，用在信託受益人（委託人）身上。這是主管機關，第一個鼓勵的。然後主管機關後來，甚至也發了一個函令，如果是安養信託跟公益信託，一旦與客戶約定好「受託人具有運用處分決定權」，這部分將不適用「全權委託（簡稱「全委」）」管理辦法的限制。因為現行全委辦法的規定及限制很多，包括：

越權交易的檢核、價值虧損 20% 以上要通知、要有一定的 SOP 等。一般信託業覺得遵循相關規定的成本比較高，所以，都會做「沒有運用決定權」的信託（即「指定單獨運用」）。但為了鼓勵業者，做有裁量權的安養信託及公益信託，主管機關才會同意放寬規定。

其次，在「信託給付」方面。受託人（銀行）在信託給付方面，原本就相當謹慎。一般在「實支實付」方面，也是要看項目而定。假設是醫療費、看護費，多半是非常具體的花費。有一些信託契約的約定，是沒有要求「需信託監察人核准」；有些部分，則會要求信託監察人來核准，尤其是一些「其他雜費」項目。這部分，完全看業者如何去考量？有時候會發生一種問題：委託人簽約時，尚未找到合適的信託監察人，但他覺得有需要找。但不幸地，在信託監察人還沒找到之前，委託人就已經喪失行為能力了。

假設原先契約中的給付條件，約定得太嚴格，信託在支付時就會很「卡」。或是說，委託人原本就有指定信託監察人，但後來信託監察人也身故或無行為能力，又沒有繼任者時，也會讓信託給付發生「卡卡」的狀況。此時，若受託人（銀行）有給付裁量權，便能基於照顧受益人的信託目的，彈性的提供必要的養護給付。

當然就受託銀行來講，權利的所在，有時候會有風險產生。因為當委託人有多位子女的時候，有些高額費用到底該不該支付？例如有些治療健保有給付，也有自費選項，但費用差很多。那麼，這個時候到底該不該讓信託受益人，使用較昂貴的自費醫療項目呢？因為信託財產省著點用，未來信託剩餘資產的繼承人，也才能繼承更多遺產；又或是擔心受益人（委託人）存活時間會很長，一旦信託財產用盡，

不足部分可能就要由子女額外負擔。因此，主管機關希望能讓受託銀行，擁有更多的「裁量權」。但實務上，目前信託業者還有很多考量，待逐步釐清後才敢採用。

信託業者這麼多，我該選哪一家？

根據多年協助客戶，進行規劃信託的陳慶榮的經驗是「取決以下兩點」：

1. 規劃的信託人員「願不願意」，及「能不能」設身處地為客戶著想，並完全照顧到客戶的真正需求？他認為這裡面就牽涉到信託人員的專業和熱忱（如果工作常輪調，就不容易累積實務經驗，知道如何真正解決客戶的問題），以及牽涉到契約條文變動時，銀行願不願意探詢客戶實質的問題或需求、依照客戶的想法或期望進行修改？

2. 銀行系統問題。有時就算規劃的信託人員夠專業，銀行也願意配合，但如果 IT 系統不配合，很多客戶想要的服務恐怕也難以真正落實。關於這部分，陳慶榮建議客戶可以拿著想要的服務內容，實際詢問信託業者「是否有提供」？所以，請專業的財務顧問協助詢訪或推薦信託業者，也是一種可行的方式。

1-2　有關「信託規劃」的 Q&A

> 有關訂定安養信託合約，各家銀行多半會考慮自己的作業流程等條件，在契約內容上做些取捨。故而建議大家不妨發揮「貨比三家」的精神，事前多做預防避免吃虧或事後頻生糾紛……。

在想好以上信託規劃的重點之後，由於現在可以從事信託業務的信託業者，有非常多家銀行及券商。據了解，信託公會為服務會員，委請外部專家訂定了安養信託等合約範本供業者參考。只是各家銀行會考慮自己的作業流程等條件，在契約內容上做一些取捨。因此實際上，每一家信託業者的契約內容，可能還是有一些差異。

所以，個人建議想要成立信託的讀者，發揮「貨比三家」的精神，多問幾家信託業者，收集他們所承作的信託業務內容及制式化契約內容，並且最好問信託業者以下幾個問題：

Q1. 現金、有價證券、不動產，可否放在同一個安養信託契約中？

一般來說，標準化契約可能只受理金錢，不受理其他類型的財產。以國泰世華銀行為例，就有兩種標準化契約。其中一種只受理「金錢」的契約，開辦費只要 3,000、5,000 元，詳情請見（圖 1-2-1）。

圖 1-2-1 只有少數信託業者的制式契約，可同時納入多種資產？

至於另外一種標準化契約，則是除了現金之外，也可以把股票、不動產，或是「同一受益人」的保險給付，全都納入同一張契約之中。但是，光簽約費，就可能是 2～2.5 萬元起跳。至於信託管理費，則會依「信託資產」種類而定，且通常也會設定「每月最低信託管理費」的門檻。以「金錢信託」為例，每月信託管理費最低是 500 元，股票及不動產的則是最低 1,000 元。

目前市場上，雖然聽聞有 3、4 家銀行，能夠允許在一張信託契約中，把所有不同類型的資產納入（但台幣及外幣資產，仍必須分開設立）。而就個人所收集到的資料，三信商銀（包括台幣及外幣的金錢、保險金及不動產）、台北富邦（金錢、保險金、有價證券，但只限國內股票及在證交所上市的 ETF）、兆豐（金錢、保險金、有價證券）、永豐（金錢、保險金、受託銀行特定金錢信託投資國內外基金贖回款，以及其他經雙方同意的信託財產）、國泰世華（金錢、保險金、有價

證券及不動產）、遠東商銀（金錢、保險金、有價證券及不動產）及第一銀行（金錢、保險金、有價證券及不動產）7 家銀行，可以在同一張契約中，收取金錢及保險金以外的資產，值得資產較為多元的民眾參考。

其餘絕大多數受託銀行，所推出的制式化安養信託契約，就只有接受現金（也就是「金錢信託」）而已，頂多是把「保險理賠金」也納入（嚴格來說，保險金信託也是一種金錢信託）。

如果委託人想要交付其他信託資產，像是不動產或有價證券（例如股票、基金、ETF），則必須依不同的資產類別，分別與受託銀行簽立契約，例如「所有保險金」成立一張安養信託契約、「不動產」安養信託一張、「個人金錢」安養信託一張……。

可以「All-in-one」的信託契約好處是：業者方便進行整體性的信託資產規劃，且信託收費是按契約張數來計算的。看到這裡，也許讀者會問：是否一定要找「可以將所有不同類型資產，納入同一張信託契約」的銀行？答案也未必。因為，優先選擇這種「All-in-one 契約」的大前提最好是：客戶「同時擁有非常豐富、多元的資產」。

其理由為：同時可納入多元資產的信託契約，全都是客製化契約，在開辦費及信託管理費上，本來就會視信託需求及資產多樣性等來「定價」。也就是說，可以同時納入多元資產的信託契約，就算是制式化契約，其簽約費雖比只收單一資產的要高一些。但是，會有可能比分別成立不同信託的費用要低些。當然，有些銀行雖然分拆為不同種類的信託，但如果一次跟銀行洽談，有時是可以在費用上，爭取到一些折扣的。

特別是如果資產全都是現金，且需求非常簡單的民眾，直接選制式化的信託契約，相關費用（開辦費及信託管理費）本就會比較低廉些。所以個人建議想要成立信託的民眾，最好多問問幾家，經過綜合性的考量後，再做最後的決定。

Q 2. 該契約是標準化（制式化）契約嗎？安養信託的資金運用是「特定」？還是「指定」？

這一點之所以重要的理由之一是：「制式化」契約的相關費用（開辦費及信託管理費），會比由信託人員與客戶「一對一」服務的「客製化」契約要便宜許多。

當然，凡事有優點，必有其缺點。由於標準化契約，限縮了信託業者所提供的服務內容，假設客戶想要額外增加一些給付項目，業者就會依增加的情形，酌收「修約費」（少數修改可能是免費的）。

民眾除了注意「制式化」或「客製化」契約之外，還要特別區分所成立的這張安養信託，是屬於「特定單獨管理運用管理」？還是「指定單獨運用管理」？其原因就在於：它將決定委託人的信託財產（主要是金錢部分），該如何運用（投資）？相關詳細解說，請見本書「2.1自益或他益？－金錢型安養信託」一章。

一般說來，只要是標準化契約，在投資部分就會有一些限制。例如只能放定存？或是還能買基金？或甚至可以買台股股票、國外債券、ETF？或是因為投資國外商品，需要信託外幣？所以，當運用面不同時，契約內容就會有所不同。除了「資金運用（投資）」方面的差異外，「標準化」及「客製化」契約還有可能在「信託給付」上有所差異。

一般多數「制式化」契約，會有「定期」及「特殊」給付。其中所謂的「特殊給付」是：當條件發生時，才會給付。一般來說，各家銀行在「定期給付頻率」上的差異不大。

至於「特殊給付」內容，就要看每一家銀行的「彈性」，可以允許客戶訂哪些特殊給付？例如醫療費用、安養機構的費用、看護費用、醫療器材費用、健康檢查金等，民眾最好去比較一下標準化契約，有沒有特殊給付？或是特殊給付包含哪一些費用？項目是多或少？是否允許修改或增加？如果原契約沒有列出，但客戶要增加，是否可以用標準化契約？還是變成必須使用客製化契約？有的銀行是：可以用標準化契約增加項目，但如果增加太多，可能多加一項，就要收一筆費用（例如 1,000 元）。所以，客戶就要去看各家銀行的契約，覺得哪一家的比較適合自己？

Q 3.除了以上可納入信託的資產外，還有其他哪些附加（帶）服務？

這裡所指的服務，是信託業者所提供的，非信託本身的業務，而是與其他長照業者結盟後的服務。除了最基本的，提供長照入住名單，以及立遺囑及公證人公證等法律服務外，比較特別的像是合作金庫提供的「長照金融管家」，其中有「自動代繳費」的服務；遠東商銀所提供的「管家及生命禮儀服務」……。由於每一家信託業者，所提供的特殊服務內容都不一樣，建議有特殊需求的民眾，可以多詢問及比較，詳情請見（表 1-2-1）。

表 1-2-1 提供不同信託功能的銀行業者

信託功能	舉例
專款專用 （代支代付）	支付入住機構的各項費用、日常水電瓦斯費用（合庫、遠東商銀）、投保續期保費（遠東商銀）、
其他（異業結盟）	法律諮詢、管家及生命禮儀服務（遠東商銀）、長照機構推薦（合庫、遠東商銀、臺灣企銀）

製表人：李雪雯

Q 4. 相關費用有哪些？最低承作門檻是多少？

　　對於信託業務有興趣的一般大眾，可能會相當關心成立信託的相關費用。一般來說，民眾在與信託業者簽立契約時，依法會收取以下三種費用：

　　（1）簽約手續費費。這是在簽訂信託契約時，所收取的費用。目前一般安養信託的簽約費，大多是 3,000 ～ 5,000 元左右。至於有些銀行推出的「預開型安養信託」，這筆簽約手續費，還可以低到 1,000 元。

　　（2）信託管理費。依客戶交付之信託資產種類、規模，以及管理方式等因素而定。目前，信託管理費是按每月底的「信託財產餘額」，以年率 0.3%（最低還有收 0.2% 或 0.1% 的）～ 0.5%（最高有收 0.6%）逐月扣（收）取。但是，也有是按信託資產規模高低計算：例如 1,000 萬元以下管理費約每年 0.5%、1,000 ～ 3,000 萬元約每年 0.4%、3,000 萬元以上約每年 0.3%，視各家金融機構而定。

　　（3）修約費用。客戶申請修改信託契約時，信託業者（銀行）會視委託人修改契約的內容，酌收一筆修約費。目前一般的行情是：每

次收取 1,000 元的費用，詳情請見（表 1-2-2）。

表 1-2-2 有關信託各項費用的市場行情

	開辦費	信託管理費	修約費
預開型	1,000 元	不定期支付之前，或是匯入信託資產低於一定金額，則不用支付信託管理費	約 1,000 元
制式化	1,000 ～ 3,000 元	0.2% ～ 0.5%	
客製化	2 ～ 10 萬元，視信託內容及資產複雜度而定	0.2% ～ 10%	視情況而定

製表人：李雪雯

簡單來說，銀行信託部門所採取的計費方式，是依「簽約費（6,000元～ 15 萬元，依規劃複雜度收取）」及「信託管理費（依資產規模收 0.2% ～ 1%）」。

但是，已經有銀行準備打破這種「信託管理費」的傳統收費模式。例如遠東商銀就表示在未來，會依「交易次數」及「處置項目」進行收費。以不動產保全信託為例，價值 500 萬元的房產，與價值 1,000 萬元的房產，在處置（理）上可能並沒有什麼大的差別。所以，未來該行純粹不動產保全信託，會按「間」來收費，而不是依房產的資產規模計收；又例如有價證券信託，也會依「使用者付費」的觀念計收，客戶交易次數越多，收費就越高。

有關信託相關費用方面，個人認為值得讀者們注意的是：安養信託分為「制式化」及「客製化」兩種，收費自然不同。上表所列，都

是制式化的收費狀況。

一般來說，金錢型及保險金信託，都有制式及客製化兩種供民眾選擇，但是不動產（指較複雜的內容設計）、遺囑信託及有價證券信託，則多半是採客製化方式規劃。以開辦費為例，制式化合約普遍分別落在「3,000～6,000元」之間，至於量身訂製的客製化合約，就至少是數萬元起跳（少則2～3萬元，多則5～8萬元以上）。

至於修約費用，據了解，客製化契約大多從一開始就量身訂作，整本契約會依客戶的需求，來進行各面的規劃和條文擬定，比較少會出現「事後修約」的情形。即便要修約，也因其內部設計彼此的牽動條件，和一般制式化契約不同，大多需要進行全面性的審視，才不會有任何差池或遺漏。所以修約費一定會比較高，甚至以「萬元」起價。

不過，如果是一般以制式化契約，進行部份調整而成的所謂「客製化」契約，由於是以制式化契約為基底，再在某些條款上，做一些增加（像是：增加給付項目，或增減一些管理處分約定等），有些銀行是視項目來加費，有些則是斟酌內容增加的服務程度，進行總括、一次性的報價。所以，假設修約費只有1,000元，根據業者的說法，應該只是一般增減制式化契約的部份條款，或給付項目等的收費標準。

個人強烈建議民眾，千萬不要落入「比價格便宜」的窠臼中。因為，契約設計對委託人（受益人）保障是否完整？提供的服務內容是否合用？⋯⋯等內容其實差異很大，會完全影響相關信託費用的收取，絕對不能只選價格最便宜的信託契約即可。

此外，若你還沒想好信託該怎麼規劃，建議可以先做一個**預開型信託**！

畢竟做信託，不一定要所有想法都確定了才來做，可以先做一個預開型信託。有房子的長者，爲了避免房子被詐騙、賣掉，或是子女吵著賣房子，也可以把房子放入預開型信託中做「保全」。正因爲信託具有極佳的「資產保全」功能，所以，當讀者們並不是那麼懂信託業務，以及它的設計前，我會眞心建議先開一個預開型信託。

這是因爲預開型信託，客戶只需要支付開辦費用，並不用先支付其他任何信託管理費用。且預開型信託可以自益，也可設成他益。但通常預開型信託，都是以自益型爲主。

何謂「不可撤銷信託契約」？功能是什麼？

很多民衆會如此抱怨：既然信託資產不是我的，那我就不要做信託了。但事實上，信託委託人還是有完全的權利，隨時處理這筆信託資產。所有的信託合約，都是可以隨時更改的。

因此，只要是委託人，且具有行爲能力，還是有完全的權利，可以隨時處理信託帳戶裡的資產。因此，所有的信託合約，都是可以隨時更改的。只有一種信託合約是不能更改的，那就是當初契約設定爲「不可撤銷信託」時。也就是說，只要沒有設定爲「不可撤銷信託」的契約，全都是可以隨時由委託人（只有委託人及信託監察人可有契約更改權，但委託人在時，信託監察人則無權更改；至於受益人，則完全無此權利）來更改的。

一般來說，如果是自益信託，除非委託人有簽「契約不可撤銷」，否則都可以隨時可以終止。至於他益信託，因爲委託人設立的目的，

就是為了保障被保險人。所以，通常都會設計成「不得終止」，但只要受益人同意即可。

至於信託成立門檻一般來說，安養信託理論上並沒有最低承做的金額門檻的限制。只不過，有些銀行考量信託金額太低，較難達到信託的效益，會設定以 30 或 50 萬元為最低承作金額；但隨著「信託 2.0」計畫上路之後，已經有更多的信託業者（銀行），沒有設立任何最低承做門檻的金額限制。儘管升息之後，銀行一年期定存利率（固定利率至少約有 1.5%）為例，假設以 100 萬元交付信託，每個月可以獲得 1250 元的利息；再以信託管理費年利率 0.5% 計算，每月扣掉支付成本 417 元，對於委託人的負擔，也不致於太大（委託人還有 833 元的利息收入）。

但是，個人將財產交付信託，都必須支付一定的費用成本（包括訂約時的簽約手續費、每年的信託管理費用，以及修改契約所要支付的修約費等），同時信託財產需支付受益人每月生活費用，財產不多時，恐怕日後就難以支應長期的生活。這也是為什麼根據信託公會秘書長呂蕙容的經驗，財產交付信託在 300 萬元以上者，比較具有規模經濟。

Q 5. 一定要拿契約範本參考嗎？

當然需要，現在可以承作安養信託業務的業者不少，民眾大可不用每一家受託銀行都問，就只找常往來的五、六家銀行，特別是幾家自己平常往來最多的銀行開始問起就好。如果這幾家銀行，都無法提供自己想要的信託業務服務，建議詢問到合適的信託業者。

　　理論上，信託契約原本就是「可長」、「可久」，主要是看委託人的想法如何？一般若是安養照護的目的，通常契約的期間是到「受益人身故之後」。所以，一般安養信託，比較少見「設定幾年時間」的情形。因爲受益人年齡越大，越需要安養信託的照顧。

　　但很現實的問題是，信託契約的長、短，主要還跟「資產多寡」有關。也就是說，到底是錢先用完？還是受益人先身故？假設是後者（受益人先身故），當受益人身故後，信託財產就會成爲受益人的遺產。

　　如果是「錢不夠用」，那就要看：是否委託人或小孩，還有其他資產，可以進入到信託專戶中？假設都沒有，那也沒辦法，這份信託就只能提前終止了。只是就如同一位業者所說，錢夠不夠用，那要看資金如何運用？因爲每個月 1 萬元可以過日子，而需要每個月 20 萬元才能過日子的人，亦大有人在……。

　　至於一定要設定信託期間的信託，一定是「本金」與「孳息」的受益人不同。至於純自益或純他益的信託，可以設立期間，也可以設定終止事由而不設期間。但純他益的信託，因爲是要給受益人（例如小孩），所以，通常除非他益的對象，對財產沒有管理能力的人，通常信託期間會寫「到受益人身故爲止」，目的是照顧其一輩子。但只要受益人是行爲能力正常者，多數客戶的契約期間，都是寫「到其（受益人）一定年齡爲止」。

如果是子女教養為目的的信託，一般會設定「年限（例如 20 年後，將信託財產交給子女）」或「年齡（例如子女 20 歲之後，逐年給付信託財產）」。

《信託法》相關法條補充參考

　　第 3 條：委託人與受益人非同一人者，委託人除信託行為另有保留外，於信託成立後不得變更受益人或終止其信託，亦不得處分受益人之權利。但經受益人同意者，不在此限。

　　第 63 條：信託利益全部由委託人享有者，委託人或其繼承人得隨時終止信託。

　　第 64 條：信託利益非由委託人全部享有者，除信託行為另有訂定外，委託人及受益人得隨時共同終止信託。

1-3 不能說的秘密？
——有關安養信託的制式契約

　　話說契約條款中總是充滿了法律用字，加上五花八門的項目條列非常多，讓人看了之後「一個頭，兩個大」。以下是個人採訪專家並參考各家契約條款之後，歸納整理的重點項目。

　　為了方便客戶快速聚焦自己的信託需求及目的，也同時簡化信託業者（受託銀行）的作業流程。目前，凡是有推出安養信託業務的銀行，都已提供一份或多份的制式化契約條款。而就個人收集到的各家安養信託制式化契約，有的會依「自益」、「他益」，或是「一般型」、「預開型」，區分為不同的契約。有的，則是在同一張契約中進行區分。

　　老實說，契約條款中充滿了法律用字，再加上五花八門的項目條列又非常多，常讓人看了後「一個頭，兩個大」。以下，是個人採訪專家，並參考各家契約條款之後，歸納整理出想要成立安養信託的民眾，在收集、檢視並比較各家制式化契約條款時，特別應該留意的重點項目。

1. 信託財產

　　目前，絕大多數制式化安養信託契約，就只收「金錢（以新台幣為主，有些可收美元或其他外幣，像是澳幣、人民幣或南非幣等，且

必須一張外幣，一張契約；其中，華南銀行可以台、外幣放在同一張契約中；中國信託銀行則是在一份外幣信託契約裡，同時收受多種外幣）」及「保險金」；少數則會收金錢與保險金以外的資產；至於合作金庫、第一銀行及臺灣銀行，還可包括「以房養老」撥貸款。

就個人所收集到的資料，三信商銀（包括新台幣及外幣的金錢、保險金及不動產）、台北富邦（金錢、保險金、有價證券，但只限國內股票及在證交所上市的ETF）、兆豐（金錢、保險金、有價證券）、永豐（金錢、保險金、受託銀行特定金錢信託投資國內外基金贖回款，以及其他經雙方同意的信託財產）、國泰世華（金錢、保險金、有價證券及不動產）、遠東商銀（金錢、保險金、有價證券及不動產）及第一銀行（金錢、保險金、有價證券及不動產）7家銀行，可以在同一張契約中，收取金錢及保險金以外的資產，值得資產較為多元的民眾參考。

一份契約可以納入多種資產，也是有好有壞。**好處是客戶不用分別簽不同的契約，省下重複的程序，以及多一份契約的相關收費；但缺點則是相關收費當然也會比較高。**只不過，有的銀行雖然分別成立契約，卻有可能會有費率上的折扣。也就是說，同一張契約所收的費用，是否會高於好幾張契約的總費用，也還是未定之數。客戶必須實際比較各家銀行所提供的服務內容，才能進行整體評估。

2. 他益、自益

有的制式化安養信託契約，只限自益型信託，有的不但不限，

還可以設立「共同受益人（例如上海商銀、台新、國泰世華及彰化銀行）」，並且可以將「本金」及「孳息」，分配給不同受益人，委託人還可以設定不同信託受益人的受益權比例。例如：

（1）上海商銀可以選擇將孳息「按月」，或「信託關係消滅後一次」分配給受益人。

（2）中國信託銀行則是在契約中，可以選擇「完全自益」、「完全他益」或「部分自益、部分他益」，但必須在契約中明確約定每位受益人，可以享有的信託財產金額，並由中國信託就各受益人所享有的信託財產分別管理。

（3）台新銀行則可以同時列四位受益人，並指定信託受益權比例。

（4）彰化銀行在「本金」及「孳息」分配方面，如果是共同受益人，是可以設定不同信託受益人的受益權比例，但同一受益人的「本金」，以及「孳息」的分配比例需相同。

（5）至於第一銀行則約定：「亦得以一份信託契約兼具安養及傳承功能，期間定期定額給付自益，期滿將剩餘信託財產他益照顧指定受益人，達到『照顧自己、也照顧所愛』之目的」。

3. 信託財產的管理及運用

現階段，有關「信託財產的管理及運用」，幾乎全都是「特定單獨運用管理」，受託人（信託業者）完全不具運用權，且所有投資指示，

都得由委託人親自處理。

至於信託資金的運用，最多是銀行存款（特別是小額微型安養信託，則只限於銀行存款。有些，甚至會限制在該銀行的活存或定存），其次則是「國內外共同基金（主要是銀行上架基金）」，少數會開放為 ETF、債券、票券、貨幣型基金，或是其他「經委託人及受託人雙方同意的標的」。

不過，也許是考慮信託財產，過多集中在流動性低的金融投資標的上，有的銀行則會在契約書中，訂有「最低活存保留金額」。例如：

（1）合作金庫在契約書中規定：「受託人並應於活期存款中保留本契約『其他約定事項』表四及表五所約定之給付金額，及信託管理費之一年額度或新臺幣 10 萬元（以二者孰高之金額為準），以支應相關之必要費用、支出或給付」。

（2）臺灣銀行則是「受託人應保留『其他約定事項』第三點給付金額、第四點信監人報酬，以及信託管理費一年額度，或新台幣 10 萬元（以二者較高為準），其餘金額扣除本條第八項（投資金融商品）約定運用項目後，以萬元為單位辦理定期存款（一年期、機動利率、每月領息）」。

其中比較讓人耳目一新的，像是像是中國信託銀行、三信商銀、上海商銀（只能 100% 運用在金融機構存款的部分，委託人同意受託人於該營運範圍內具有運用決定權）、中國信託（但只限於中國信託的存款種類）、永豐銀行及國泰世華等 6 家銀行的制式化安養信託，在「特定單獨管理運用」之外，還可以選擇「受託人具運用決定權」

的「指定單獨管理運用」。但是相對的，委託人必須設立每一種類型資產的最高投資比例上限。

其中第一銀行的做法，是在委託人發生失能、失智、心神喪失、精神耗弱，或經輔助或監護宣告時，在一定範圍內具有運用權定權（例如處分變現信託財產支應定期給付、承作定期存款），增加信託財產運用靈活度，避免信託因為特殊事由而過於僵化。

而在「信託財產管理運用」這部分，還有一個值得讀者留意之處是：就算是「特定單獨管理運用」，所有投資決策都是由委託人下指示（中國信託銀行的下指示人，可選「監察人」或「委託人、委託人＋全體／任一人或指定某一監察人」二擇一同意；台北富邦銀行可選的下指示人，則是「信託監察人」或「委託人」或「委託人＋全體／任一人或指定某一信託監察人」二擇一同意；台新銀行則可以選擇具備充分之金融商品專業知識與交易經驗的「信託監察人」，為受益人之利益監督信託財產管理及運用）。有的銀行則會在制式化契約條款中，考慮委託人有可能受輔助、監護宣告，或是成為身心障礙者，而將此特殊狀況納入考量。

以華南銀行為例，就在契約書中明列「積極型、非輔助或監護宣告及身心障礙者，才可以投資基金及外國債券。若在存續期間發生不符以上狀況時，不可以新增投資，只能運用在銀行存款，原基金贖回」。

至於元大銀行是「由委託人或委託人＋信託監察人書面同意」，且契約條款有加入「委託人經輔助或監護宣告，資金只能放在銀行存款」；永豐銀行則是「委託人身心失能或受輔助／監護宣告，信託財

產管理運用方式限永豐商業銀行銀行存款，或受益人應繳納之保險費（限保險契約之要保人及受益人皆為信託受益人）」。

4. 信託利益分配（給付）

多數都有「定期給付」及「特殊給付（主要是醫療、養護機構及看護費或其他，比較特別的是「可以代繳保費（元大、永豐、國泰世華、第一、華南、遠東商銀）」）」。以上費用，一般都是由受託銀行，定期或不定期匯到委託人所指定的帳戶。其實，各家的差異並不特別大。最常見的給付是「生活費」、「醫療費用」、「長照安養機構費用」及其他（教育、保險費及公益慈善），且給付還有「不限用途、免付單據」或「限用途、須付單據」兩種之分。

比較特別的，是合作金庫在制式化契約中，有「信託財產給付金額調整（若有設監察人時，應取得監察人書面同意）」的「裁量權條款」。且調整方式會依依「物價指數」、「受益人發生身心障礙，受輔助或監護宣告」、「入住長照或安養機構」時，或在「受益人受輔助或監護宣告前」，依比例或固定金額調整；三信商銀則是「主管機關調整長照機構收費標準（須經信託監察人的同意）」，或「受益人受輔助或監護宣告前」，可增加信託財產的給付金額。

此外，有關信託利益分配這部分，個人認為比較重要的是：當「信託專戶現金，不足以分配信託利益」時，受託銀行該怎麼處理？因為當委託人滿手的投資，卻發生需要信託開始定期給付事件（例如失能、失智），帳上卻沒有現金時，契約中有相關條文規範，也才好因應。

　　所以，有些銀行（例如三信商銀、台北富邦銀行、合作金庫、臺灣銀行及臺灣企銀）會特別賦與受託人（銀行）在活期存款中，保留約定應給付金額一年額度，或新台幣 10 萬元（以二者較高之金額為準），其餘金額於扣除本契約所約定之其他運用項目後，以萬元為單位辦理定期存款（期間、利率、固定／機動），到期逐年續存。

　　但有些銀行則會設立一個「信託資產動撥限制」，像是臺灣企銀的是「信託財產餘額扣除當次申請動撥款項之餘額，未達流動資金（由委託人自訂）二分之一時，除生活扶養費給付外，不得申請動撥信託財產，惟補足時，不在此限」。

　　至於永豐銀行則是這樣約定：「信託財產分配給付當日有多項給付項目，以給付看護／安養機構為第一順位，委託人本人為第二順位，醫療費用為第三順位。信託專戶可動用現金不足以支付第一順位給付項目之款項時，該順位之給付項目不予支付亦不再補足，改支付次順位之給付項目，依此類推」。

　　再像是第一銀行約定「委託人依第四條第一項勾選定期給付時，如屆約定開始給付時點前一個月，信託財產不足支付當期給付，受託人應以書面通知委託人儘速補足信託資金，如委託人未能於書面通知所定期限內，補足資金致使受託人無法辦理定期給付者，受託人有權以書面通知委託人終止本契約，如因此致委託人受有損害，受託人亦不負賠償責任」。另外，也在「信託財產給付金額調整」方面訂定：當委託人發生特殊情事時的「裁量權條款」。

　　另外有多家銀行，也會在制式化契約條款中，名列處分各類信託資產的順序。例如是先從流動性高的「定存（像元大銀行及台北富

邦銀行還會特別指名，先以最晚到期、金額較低，或利息較低者先解約）」開始？還是先處分「投資部分」？像是華南銀行，就是「先基金（貨幣型、國內外債券型、國內平衡型、國內外股票型，並以萬元為單位）、後外國債券（到期天數較近者）」；臺灣企銀則是交由「受託人（受託銀行）逕自辦理定存解約」。

一般來說，信託安養信託契約在存續期間內，委託人／受益人或信託監察人，都不得申請給付信託財產的一部或全部給受益人。但中國信託銀行的條款比較特別的是：存續期間內，可約定由「指示權人（可約定為委託人、信託監察人，或兩者任一，或兩者共同擔任）」以書面，申請給付信託財產的一部，或全部給受益人。

5. 契約變更或終止

通常，只要在信託契約存續期間，委託人及受託人都「得」提出申請變更（修改）或終止信託契約。且當信託財產「全數給付受益人」、「契約存續期間屆滿」、「信託目的已完成或確定不能完成時」、「受託人依法令規定、主管機關的命令或法院判決，不得繼續辦理約定事項或必須終止契約時」、「受託人受破產宣告、解散、停止或暫停營業、撤銷設立登記、因合併而消滅」，以及「全體受益人死亡時」，信託契約都會「自動終止」。其中比較特別的是：

（1）遠東商銀在契約中設立一條：「自契約簽訂起 1 個月內，委託人未依契約交付信託財產者，受託人得逕行解除本契約」；而三信商銀則是「倘委託人或其指定之人逾 3 個月，仍未交付信託財產予受

託人時，受託人得以書面通知委託人，本契約不成立且未生效」；其餘有的銀行，則會設有「信託資產低於一定金額（中國信託銀行是「信託財產淨資產價值低於新台幣 10 萬元〔委託人可在契約中，勾選是否適用此條款〕」；台北富邦銀行是「信託淨資產價值低於新台幣 2,000 元或是等值美金 70 元」；遠東商銀是「不足以支付約定給付金額」），信託契約則自動終止。

（2）臺灣企銀是由委託人在簽訂契約時，選擇「信託專戶活期存款帳戶每年應至少存放流動資金新臺幣○○萬元（含）」或「信託財產扣除流動資金後之款項計新臺幣○○萬元，以萬元之整數倍數運用於臺灣中小企業銀行定期性存款，並且明確指示「張數」、「利率（固定或機動）」及「存期」。

此外，如果是「他益信託」，都會約定「信託成立後，受益人特定者，委託人無保留變更受益人及分配、處分信託利益之權利，或委託人僅保留特定受益人間分配他益信託利益之權利，或變更信託財產營運範圍、方法之權利」。

又假設是「自益信託」，多數銀行制式化契約條款中，都會有「若委託人受監護宣告，除經法院裁可外，監護人不得申請變更或終止」的約定。但是，關於「變更項目」的認定，每一家也有不同。有的是「一律不能申請變更或終止」，有些則限於「但得全體監察人同意時，可以變更定期給付金額、週期及帳號，不能終止契約」，或是開放讓委託人選擇。

這部分三信商銀的處理方式是：「為達照顧受益人之目的，當受益人無法為意思表示，或意思表示有困難時，受託人得依其信託監察

人、監護人、輔助人或其他利害關係人之申請，在有利於受益人，且直接運用於照顧受益人之前提下，依該利害關係人之指示辦理，無利害關係人提出申請時，受託人得本於信託目的及善良管理人之義務為適當處置」。

此外，永豐銀行還有一條「特殊授權約定」是：「當利害關係人或信託監察人出具監護人身心失能或受輔助／監護宣告證明文件正本，並經受託人受理之日起，委託人同意授權由第一信託監察人，逕行向受託人出具書面指示並檢具相關證明文件，新增或變更前述定期給付及特殊給付內容」。

以上關於「契約變更及終止」的相關約定內容之所以重要，就是因為據了解，過去曾發生這樣的案例：委託人為了自己的退休安養，而與受託銀行簽立安養信託。但當自己發生失能或失智、喪失行為能力，並被法院裁定受監護宣告後，監護人（通常是委託人的家人）並不會站在委託人的立場，而是片面決定解除契約。

所以，想要透過安養信託，保障自己下半輩子退休安養生活的民眾，最好在與受託銀行簽約時，特別留意這方面「契約變更及終止」的條款內容。若是條文不夠周全，也可透過「修約」的程序，提供自己更高的保障。

6. 有關「監察人」部分

儘管信託沒有強制規定，必須設有信託監察人，且信託監察人也不一定要支薪（目前在中國信託商銀，以及台新銀行的信託契約中，

言名信託監察人「不支薪」），且也有一家銀行的契約條款，就完全不指定信託監察人。

至於一般制式化契約，都會特別針對信託監察人的設立、職責、辭任或遞補等，提供一些約定與規範。例如玉山銀行就有「委託人茲同意若其經法院爲監護之宣告時，其監護人不得代理委託人解任信託監察人」的條款；台北富邦銀行則開放委託人「得隨時解任」或「除經原信託監察人同意，或有怠於執行其職務或有其他重大事由，並聲請法院之許可外，不得解任」二者擇一。

若是信託監察有一人以上，其在同意行爲上，每一家受託銀行制式化契內容都有不同。有的銀行是對於監察人職務執行是「過半數決（例如彰化銀行，但現行大多爲客製化契約，以客戶需求制訂合約內容）」；有的則是「共同對委託人之指示以書面表示同意（例如新光銀行）」；玉山銀行是可以從「過半數同意」、「全體同意」或「依序號順位同意」中擇一；第一銀行則是約定：「信託監察人得依委託人需求，可採「多位（決議方式另訂）」，或是「順位」方式辦理；或是就不同職責內容，設有不同信託監察人。

此外，關於信託監察人的職責內容，每家定義也都不一樣。像是遠東商銀對於信託監察人職責的約定是「契約變更或提前終止、特殊給付、委託人運用及處分信託財產同意權、代無法行使指示權委託人下指示，以及其他依法或依契約約定的權利五項」；而台北富邦銀行則約定「申請變更及提前終止契約、信託財產管理運用、信託財產給付約定等的權利」、「監督受託人是否確實依本契約約定履行信託事務」、「信託關係消滅時，行使信託財產結算確認書及報告書（或類

似性質書件）之承認權」等四項。

永豐銀行則是「行使本契約變更同意權／終止同意權（除本契約第十五條第三項情形外）」、「信託財產給付同意權」及「信託財產定期給付及特殊給付指示權」等四項。

中國信託則是可在契約中，選擇是否由信託監察人擔任單獨，或共同指示權人，包括「信託財產暨投資標的運用指示（適用特定單獨管理運用金錢信託）」、「信託財產給付方式」，以及「信託契約解除、異動及終止」等項目。

再來是信託監察人有一位以上時，元大、台北富邦及臺灣企銀，都要求「應由全體信託監察人共同為之」；至於出缺後的遞補規定，有的是採「順位制」，也就是由第二順位者遞補；有的是採「共同制」，由剩餘的信託監察人指定。

7. 費用

雖然費用成本，是民眾最為關心的。但個人的看法是：民眾千萬別落入到「單純比低價」的窠臼中。因為信託各項收費的高低，絕對於銀行所提供的服務內容及規劃專業度正相關。

根據熟悉各銀行信託業務人士的說法，有的收費雖低，但契約內容完全不得變動，或是有變動或增加服務就得分項收費，甚至是直接依「客製化」方式收費。如此一來，民眾恐怕也討不到太多好處。

依照信託專家的說法，契約條文越是鉅細靡遺、越能考慮各種未

來可能發生的狀況，對於委託人也越有好處。假設民眾想要往來的銀行，其制式化契條款，並沒有自己想要列入的內容，也可以與銀行討論，並透過修約的方式納入。當然，有的銀行，並不允許委託人，單方更動這些條文內容，或是會改以「客製化」方式修改及收費。個人建議若受託銀行完全不願意，按照委託人的意思進行修約，大可以改找其他銀行洽談。

還有一種可能是：哪些狀況的規範，「一定必須」納入契約條款中？一般民眾可能比較難以區分。這個時候，就是提供信託規劃專家們，「功夫」及「經驗」是否充足之處了。

最後，值得提醒讀者的是：由於有些銀行不主動寄送紙本，又不願意傳送 PDF 檔，所以，個人並未有完整每一家安養信託制式化契約條款，也許市場上，還有個人未看到，且更值得民眾參考的契約書內容。

所以個人建議讀者，**可先從原本經常往來的銀行開始詢問，以及索取制式化契書做參考。若銀行拒絕提供制式化契約書，那大可考慮拒絕往來。**

Chapter 2

業務

「自益或他益型金錢安養信託」運作流程示意圖

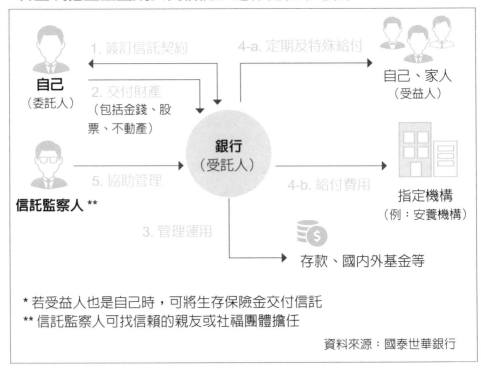

1. 簽訂信託契約

4-a. 定期及特殊給付

自己
（委託人）

2. 交付財產
（包括金錢、股票、不動產）

銀行
（受託人）

信託監察人 **

5. 協助管理

3. 管理運用

自己、家人
（受益人）

4-b. 給付費用

指定機構
（例：安養機構）

存款、國內外基金等

＊若受益人也是自己時，可將生存保險金交付信託
＊＊信託監察人可找信賴的親友或社福團體擔任

資料來源：國泰世華銀行

【案例一】70多歲的王媽媽，有一筆老公過世時所留下的，近千萬元的現金。王媽媽有三個兒子，平常，都是已婚的老二，以及他的媳婦在照顧她。但是，其他兩個沒結婚的兒子，就常懷疑老二及他太太，藉著照顧媽媽之便，一起花媽媽的錢……。

【案例二】老伴過世多年、獨居且 80 多歲的林爸爸，前一陣子因為中風而導致失能。由於五個子女都在外地工作，所以，只能讓他入住專門的長照機構照顧。

目前，林爸爸每月 4、5 萬元入住安養院的費用，暫時是由嫁給醫師、家庭收入最好的大女兒支付。因為林爸爸的這位大女婿父母雙亡，還真的把岳父當做自己的父親，非常樂意支付這筆帳單。

但是林爸爸的大女兒卻認為，就算先生願意出這筆錢，但爸爸並不只是她們兩夫妻的，而是所有兄弟姐妹們的。再加上父親在南部老家，還有一棟頗值錢的透天厝，以及不少值錢的農地。如果能把房子及土地賣掉，也就能減輕兄姐們的共同照顧財務負擔…

【案例三】67 歲施媽媽年紀輕輕就守寡，很辛苦地把四個子女養大成人，且都有不錯的職業。但因為全心照顧小孩，這麼多年來，自己卻幾乎沒存下什麼退休老本。

施媽媽的四位子女都很成才，全都是大型跨國公司的高階經理人。他們長年在國外工作、結婚、生子及落地生根。所以，未來也不打算回台灣。施媽媽身體還算硬朗，仍舊一個人住在原本的舊公寓一樓，偶爾，她的姪女小美，會去探望及關心一下。

施媽媽平日的生活費用，是由這四位子女平均出錢，匯到施媽媽的銀行戶頭裡。四位子女雖然感謝表妹小美，能幫忙他們就近代盡些許孝道。但是，他們也擔心媽媽未來一旦失能或失智，直接匯給媽媽的錢，是否能如實花在媽媽身上？

以上三個案例，都是高齡者遇到退休安養問題時，非常普遍且常

見的情境。有時，是父母自己沒錢（或沒有足夠的錢）退休（例如「案例三」），有些是父母有點錢或房產（例如「案例一」及「案例二」），所以子女們就不願意主動出錢奉養父母，希望父母們「用自己的錢養老」就好。

所以，這些子女要不是「不想自己先拿錢出來，但其他兄弟姐妹又反悔、不出錢，或是出了幾次之後，就不再支付了」，就是「彼此之間又相互猜忌，認為其他兄弟姐妹都在挪用父母的財產」。

解決辦法 VS. 專業建議

正如同一位在銀行信託部門人員所言：「當我們對於人性，不抱任何希望時，信託反而是一個很好的工具。因為它帳目清楚可稽，而且，錢是在第三人手上，不是在所有關係人手上。起碼，帳目可以看得很清楚。錢信託之後，沒有任何關係人可以動用，以致於提早用光；又可以保障信託裡的那筆錢，完完全全會用在那位老人家身上」。所以，以上三個案例的最佳解決之道，就是統一將父母名下的財產，或是各子女們的等筆出資，集合成立一個安養信託。這樣的好處有以下兩點：

1. 透過信託「定期及不定期給付」的功能，達到讓雙親安享晚年的目的。

2. 信託「專款專用」的功能，所有支出皆須有憑有據，受託銀行才會支付這筆錢。

事實上，正因為信託帳戶非常透明，才可以讓彼此猜忌的兄弟姐妹們徹底放心：不可能有任何一位子女，能對這筆信託資產「上下其手」。這也如一位資深的信託部經理的觀察，有些子女們並不在意拿錢出來，幫父母成立安養信託。他們只在意一件事：這錢，是不是真的用在父母身上？如果是在一個信託專戶中，所有帳目都非常透明。這樣，每位子女也會比較安心一些。

資金的用處及金額都是清清楚楚的，不會是由照顧人把錢私吞了。正因為信託專戶裡的資金運用非常透明，這樣的做法，也會讓小孩「沒得吵」，也能讓父母得到最好的照顧。

以上三個案例，目的都是為了「退休安養」，但實際的做法可能都不一樣。其中的案例一，是將媽媽的錢成立一個自益型安養信託，且所有的兄弟姐妹都當監察人，如此，才能夠平息「兄弟姐妹間互不信任」的紛爭。

至於「案例三」的施媽媽，未來會生存多久，其實很難預料的。所以，可以先由兄弟姐妹們，在每人每年的贈與稅免稅額度內，分年把錢匯入施媽媽的帳戶，並且用施媽媽的名義來成立自益信託，再每個月撥錢給媽媽。

「案例三」之所以不成立他益信託，是因為兄弟姐妹都在國外，用自益信託的方式，處理信託契約簽訂等事宜比較方便。這與「案例一」，所有子女都在國內的王媽媽不同。再加上王媽媽身體健康、意識清楚（有完全行為能力），當然可以自己成立「以自己為委託人」的自益型信託。

另外，像「案例二」林爸爸的情形，根據業者的說法，中南部還非常多見這種擁有農地的老人家。只不過，由於銀行身份上關係，不能持有不動產（法令規定農地持有人，只限於自然人，不能是法人）。而透過這種「賣出不動產」的方式，的確是可以解決子女們，不願意拿錢出來奉養父母的問題。所以，可以建議「案例二」的大女兒，把位在林爸爸名下的那棟透天厝及農地賣掉，再將錢成立自益信託，然後每月支付爸爸安養院的費用。這樣，大女兒就不用再繼續墊錢了。不過，由於林爸爸已有失智現象，顧慮到他可能無法自己簽字賣屋。所以，要由女兒先向法院申請監護宣告，並向法院申請要處份房子，以支付父親的養老費用。而以上在規劃時，要特別建議的是：不論是「以父母為委託人」的自益型安養信託，或是「以子女為委託人」的他益型安養信託，一定要由子女當信託監察人。如此一來，所有兄弟姐妹間，才不會因此而爭吵。

且再以子女都在國外的「案例三」為例，就算未來施媽媽有額外的非固定支出（例如發生重大疾病時，需要開刀或用比較貴的藥），只要有相關單據，擔任信託監察人的子女們，還是可以透過傳真簽名確認（正本要再寄回），再由受託銀行撥付這筆錢。

注意事項 VS. 衍生問題

1. 成立自益或他益信託，兩者差異較大且各有其優、缺點。其實，不管成立信託的錢是誰的，安養信託可以是「自益型（委託人與受託人是同一人，通常是需要退休安養的父母）」，也可以是「他益型（例如委託人是子女，受益人就是父母）」。

　　所以，當安養信託是「自益型」或「他益型」時，會牽涉到兩大重點：其一是「贈與（因為子女奉養父母的錢，也算是贈與）」問題；其二則是「未來信託財產未用完部分返還」的問題。

　　（1）若由子女出資，「贈與稅」恐成為自益型或他益型信託的癥結。 這是因為，只要是「他益信託」，簽約時就會涉及到贈與稅課徵的問題。所以，如果以子女名義，幫父母成立他益型信託，超過每人每年贈與稅免稅額部分，也還是要繳贈與稅。

　　（2）有關「未來信託財產未用完部分返還」的問題。 以案例一來看，用王媽媽自己的名義成立自益信託，委託人及受益人都是媽媽。當媽媽過世後，這筆錢屬於「媽媽的遺產」，未來，是所有的繼承人，都可以來分這筆錢。

　　假設成立他益型信託時不是全部小孩，都拿錢出來，幫媽媽成立他益信託，由於委託人是出錢的子女，受益人是媽媽，當媽媽身故後，這筆信託資產，還會回到出錢的小孩（委託人）身上。所以，當不是所有小孩，都平均拿錢出來，成立自益型安養信託，日後有關遺產的分配，可能就會吵不完了。

　　簡單來說，如果是媽媽的名義去成立自益信託，辦理起來會比較簡便；假設只有部分小孩出錢，那麼，成立「他益」信託比較適合。因為凡是有出錢的小孩，當他益信託的受益人過世後，未用完的信託財產可以「按當初出資比例」返回。儘管他益型信託看起來，對於「有出資委託人」較為有例，但據熟悉此業務的人員表示，這種「子女為父母成立他益信託」的案子不多。就個人的了解，理由之一是：假設是子女分批將錢，匯到信託專戶，一旦金額過大、超過當年度贈與稅

的免稅額時，子女會面臨贈與稅課稅問題，意願自然較低。

另一個原因是：在絕大多數信託業者中，他益信託是屬於「客製化契約」，而不是制式化合約（只有及少數幾家業者，推出制式化的「他益信託」合約）。在這樣的前提下成立他益型信託，除了信託管理費較高外，還有額外繳交贈與稅的可能（當子女每年贈與金額，超過免稅額時），詳情請見（表 2-1-1）。

表 2-1-1 以退休安養為目的－「自益」或「他益」型信託

	自益信託	他益信託
契約形式	制式化	客製化
父母過世之後信託財產分配	委託人（父母）的遺產，之後按《民法》規定進行分配	按當初委託人（子女）出資比例返回
可能稅負問題	遺產稅	贈與稅

製表人：李雪雯

從以上的差異來看，假設父母有錢且足夠退休，當然是優先做「自益」信託；但如果父母沒錢可退休，也可以由子女成立「他益」信託；又假設父母有一點錢，但可能不夠退休生活，需要子女「贊助」時，則要視個案而定。假設父母覺得「錢不夠用」的機率非常高，個人可能會比較傾向建議，趁早跟子女遊說一下，由子女們分別拿錢成立他益信託，來照顧退休金不夠的父母。

當然，子女要幫父母，成立「他益」信託的主要問題還在於：子女（不論是委託人或信託監察人）一定要親自來銀行辦理（親簽），而如果透過匯錢到父母的戶頭，再由父母成立自益信託，就沒有這個

問題。不過,如果子女有擔任信託監察人等角色,仍然還是需要配合辦理相關簽約事宜。

以「案例三」,小孩都在國外的施媽媽來做說明。由於受託銀行必須確認委託人「親簽」,所以,唯二的解決方式,一是透過當地的公證;二是子女直接到本國銀行在當地的分行去「親簽」。不然,就是子女趁著重要節日,大家約好回國後,一次到銀行辦理,詳情請見(表 2-1-2)。

表 2-1-2 「他益」信託贈與稅—各類財產價值計算標準

項目		財產價值
金錢		信託金額
不動產	土地	公告現值(土地登記謄本)
	房屋	評定價格(房屋稅繳款書)
上市、櫃股票		收盤價 ╳ 信託股數
興櫃股票		當日或最近營業日均價 ╳ 信託股數
未上市、櫃股票		資產淨值(公司每股淨值 ╳ 信託股數)

資料提供:國泰世華銀行

2.設立信託監察人,協助失能、失智者轉帳。當子女把錢,匯到父母帳戶中,再由父母將錢,匯到自益信託的帳戶中。在父母有行為能力時,是可以自行將錢匯入信託專戶。但是,當父母沒有行為能力(例如失智)時,還是要有人,協助父母處理才行。這個時候,就需要家人或信託監察人,發揮協助辦理的功能。

3.設立信託監察人,眉角較多。由於信託監察人可以不只一位,

能夠設定多位，所以，讓每一位小孩都當信託監察人，是沒有問題的。但是，是否每一位小孩都一定要當信託監察人，則要視情況而定（例如某些小孩可能常居國外，不方便回國簽約及執行信託監察人職務）。因為一般來說，銀行每月都會有對帳單，帳戶資金收支運用非常清楚而透明。

　　未來信託專戶裡若真的沒錢，每一位小孩因為可以清楚了解信託財產狀況，且信賴信託專款專用照顧機制，應該會比較願意各自再拿錢出來，即使他本人並未擔任信託監察人。

　　4.可先以雙親名義及資產，成立自益型安養信託，日後若資金短缺再由子女資助，分批匯入父母的自益信託帳戶。如果開始時，父母有一筆錢（例如原本積蓄，或是賣房所得），則先與銀行簽立自益信託。未來一旦錢不夠時，子女可以透過贈與的方式，把錢匯到父母的帳戶中，再由委託人（例如媽媽），把錢交付到信託專戶中。如此做法對於受託銀行來說，相對比較單純。

　　5.信託的資金運用（投資功能）很重要。假設委託人所成立的是「金錢信託」，根據《信託業法施行細則》第7條的規定，金錢信託可以依據「委託人有無運用決定權」，而有「指定」、「不指定」及「特定」的分類請見（表2-1-3）：

表2-1-3 三種金錢信託「運用決定權」之比較

	運用決定權（投資決策權）	指示 [1]
指定	委託人（客戶）	概括指示
不指定	受託人（銀行信託部）	—[2]
特定	委託人（客戶）	具體指示

製表人：李雪雯

安養信託【實例篇】

　　且儘管現階段，信託業者在信託財產的管理及運用上，只有「不得指定投資於《金融消費者保護法》第 11 條之 2 的『複雜性高風險商品』」的規定，但實務上，多半只可以運用在「存款」、「投資基金」、「投資債券」，以及「其他經委託人指定的投資標的」，詳情請見（圖 2-1-1）。

　　但信託業者（銀行）解釋：安養信託的主要功能在於「定期支付」，所以，它在信託資金的運用上，會因為受託銀行避免造成信託資產虧損、無法達到委託人獲得定期、不定期給付，或是「單純資產保全（避免大筆資產被歹徒詐騙光）的目的，而只停泊在非常保守的工具上，例如銀行定存。

圖 2-1-1 安養信託的資金運用

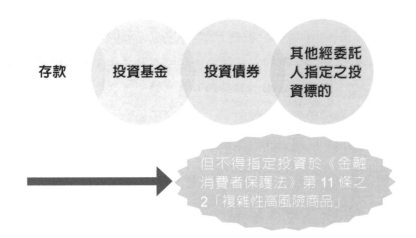

資料來源：信託公會（https://www.trust.org.tw/upload/1080000000012.pdf）

然而，對於距離退休日期還早，或是退休之後，仍有投資理財需求的一般大眾來說，受託銀行過於保守的投資方式，反而成了民眾難以接受安養信託的一大理由。目前有些銀行所提供的安養信託業務，是可以允許將信託財產，運用在活存及定存以外的各種基金或 ETF。

但儘管如此，由於安養信託，銀行幾乎都是採用特定運用的金錢信託模式（請見「1.3 不能說的秘密？－有關安養信託的制式契約」一章）。所以，「下投資決定」的人，還是必須由「委託人」本人執行。

信託管理是「特定」或「指定」？

前面曾經解釋過，「特定單獨管理（也就是俗稱的「特定金錢信託」，簡稱「特定」）」與「指定單獨管理（也就是「指定用途金錢信託」，簡稱「指定」）」的差別，主要在於「下投資指示」的權利，是在委託人或受託機構身上？

但是，熟悉信託業務運作的陳慶榮就不忘提醒，委託人與受託銀行所簽立的安養信託契約，是屬於「特定」或「指定」，將會決定為了退休安養而規劃的信託，是否有可能成為「呆」的信託？這話怎麼說呢？

這是因為「特定」的契約架構之下，所有「指示」，都得由委託人親自下達，受託銀行在沒有接到「確切指示」時，不會有任何動作。假設委託人具有完全行為能力時，問題還不會產生；不過，一旦委託人因為失能或失智，而無法對受託銀行「下指示」時，問題就會變得非常棘手。

　　陳慶榮就以「委託人指示 500 萬元存銀行定存」為例說明，就有很大竅門及差異。這 500 萬元是存固定或機動利率？是一整筆存？還是分拆成 5 張定存單？每一張定存單的期間要多長（一年、三個月或半年）？

　　假設所採用的「特定」架構，以上問題都得由委託人親自下達清楚指示，否則，銀行不會有任何動作。但如果是「指定」的架構，受託銀行可以根據其專業（例如未來市場利率會走高或走低），以及對受益人的資金需求狀況進行判斷，再決定拆成幾張定存單？期間放多長？存固定或機動利率？且更重要的是，國內大部分的安養信託，都是屬於「特定」架構，而非「指定」。且據了解，許多受託銀行對於「委託人因為失能、失智而無行為能力、無法下達指示後（若原先在規劃信託契約時未考量到這問題、未在契約中做好因應設計，即會造成），其監護人或信託監察人，是否可以代為下指示」並無由遵循（也就是說，委託人監護人或信託監察人，也沒有權利代委託人下達資金運用的指示），整個信託契約就可能進入「全面停頓」的狀態。

　　例如示範條款中，有關信託監察人的規範，只有「如發生無人接任信託監察人情形時，委託人得指定繼任信託監察人，並以書面通知受託人」，但實務上，極有可能出現在高齡者身上的問題是：當委託人自己都失去行為能力，又該如何指定次順位信託監察人？假設客戶與受託銀行所簽立的條款，又沒有賦與受託人，可以指定次順位信託監察人，整個契約可能就會陷入「沒有信託監察人」的困境。

　　又例如在信託公會公告的〈老人安養信託契約參考範本〉中第 5 條「信託財產的管理及運用」方面，原先只有「受託人並應於活期存

款中保留本契約「其他約定事項」，如（表 2-4、表 2-5）所約定之給付金額及信託管理費之一年額度或新臺幣 10 萬元（以二者孰高之金額為準），其餘金額於扣除本契約所約定之其他運用項目後，以萬元為單位並以信託專戶名義為委託人辦理新臺幣定期存款（例如一年期，機動利率，每月領息，到期自動續存）」的規定。

而為了提高信託財產運用之彈性，已增加「委託人與受託人得僅約定將信託財產運用於銀行存款，亦得依實際需要約定信託財產可投資於銀行存款以外之金融商品」的條款內容。但是，當委託人已喪失行為能力，且契約條款中，又沒有賦與其他人（例如信託監察人或受託人），擁有「下投資交易或贖回指示」之權利時，信託受益人（委託人）的權益，而將會大受影響（面臨資金交易無所管控的風險）。

正因為「特定（特定單獨管理）」架構下的信託契約風險較高，為了避免委託人因為失能或失智，而無法繼續下指示的困境，就必須在信託合約中，（賦予）信託監察人或受託人，多一些裁量權。因為這部分在一般示範條款中，並沒有特別的約定，若沒有事先約定，不論是信託監察人或受託人，就不可能代委託人「下指示」。特別是當信託帳戶中，現金很少，但投資標的很多時。就算委託人原先設立的定期與不定期給付「照舊」，但是，當用於支付的現金用光之際，帳戶裡就算有大量的投資標的，依照契約精神，受託人也無法賣出投資部位，以順利支付受益人（委託人）的各項給付。

所以陳慶榮就建議民眾，可與信託契約屬於「特定（特定單獨管理）」架構的受託銀行討論「修改契約」，也就是將「特定單獨管理運用」的信託財產管理及運用方式特別加註，或是改為「當委託人因為身心失能而受輔助宣告，並出具相關證明文件時，信託財產管理運

用方式，將由特定單獨管理運用，變更爲指定單獨管理運用」。如此
一來，也才能避免民眾成立的信託很可能會成爲「呆的信託」。

只不過，對於非投資專業的一般民眾來說，如何在茫茫投資標的
（成千上百檔股票、債券型基金或 ETF）中，挑選最具有「獲利潛能」
的幾檔，恐怕都是一項「非常考驗」。

現階段，一般銀行會按照《信託業建立非專業投資人商品適合度
規章應遵循事項》的規範（請見表 2-4），先確定客戶的投資風險屬性，
再推薦適合的金融商品給客戶選擇。

表 2-1-4 《信託業建立非專業投資人商品適合度規章應遵循事項》重點

應包含項目	· 客戶風險承受等級分類（KYC） · 商品風險等級分類（KYP） · 客戶風險承受等級及商品風險等級的適配方式 · 避免不當推介、受託投資的事前及事後監控機制 · 員工教育訓練機制（不包括「客戶個人資料建立」）
考量客戶內容	身分、財務背景、所得與資金來源、風險偏好、過往投資經驗、委託目的與需求
綜合資料	· 客戶資金操作狀況及專業能力 · 投資屬性、對風險瞭解、風險承受度
界定商品風險等級應確認事項	· 商品合法性、投資假設及風險報酬合理性、受託投資適當性、有無利益衝突情事 · 提供給客戶的商品資訊及行銷文件，揭露的正確性及充分性
評估期間	超過 1 年要再評估

製表人：李雪雯
資料來源：
http://www.rootlaw.com.tw/LawArticle.aspx?LawID=A040390041055600-1100818

評估風險屬性，信託委任做法差異大

嚴格說來，非專業投資人的風險屬性若是「穩健型」，就不能買超過自己風險屬性（例如「積極型」）的金融商品，且依然會有以下兩大難解的缺點：

1. 投資仍需客戶決定。受託銀行通常不會幫客戶進行積極性的財富管理，且一般在最初選定投資標的及資產配置（現金、定存與基金）之後，大概就放著不管了。除非委託人自行投資，否則，銀行不會做進一步的投資或資產配置的建議。

2. 只限銀行架上投資標的。銀行會推薦的商品，多半只限於銀行架上的商品（因為有 IT 系統維護的問題），且多半是管理費較高的共同基金，較少是總費用率低的被動式 ETF。假設投資人頻繁轉換，投資成本就會被墊高。

所以，委託人（特別是年紀尚輕，還未正式退休的民眾）如果還想繼續讓信託資產「穩定成長」，以應付未來因為年齡越來越高的「長壽風險」，信託資產的資金運用（投資），就成為委託人極大的挑戰。

這個時候，部分銀行則會建議有投資需求的民眾：不如只用少少的錢，先在銀行開一個（預開型）信託專戶，其餘的資產，就可以自行決定投資標的，以便讓退休金「繼續長大」，日後，再把賺的錢，分批匯入到信託專戶中。

當然，委託人如果想要讓退休金不斷長大，目前大概有以下幾種做法（請見圖 2-1-2 及表 2-1-5）。只不過，這幾種做法都各有其優、缺點，非常值得委託人特別注意及了解。

圖 2-1-2 針對「投資 + 安養信託」—信託業者的幾種做法

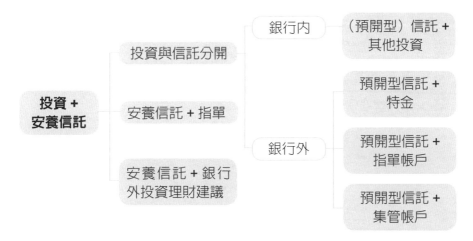

圖 2-1-3 加入投資顧問的「金錢型安養信託」架構

資料提供：阿爾發投顧

表 2-1-5 「投資 + 安養信託」的優、缺點

做法	優點
投資與信託分開	由銀行理專，依客戶的投資風險屬性，推薦合適的標的，且會在申購上提供折扣優惠（例如股票型基金原申購費是 3%、債券型是 1.5%）、信託管理費一律是 0.2%
信託連結特金（理財機器人）	如果客戶是透過安養信託的帳戶，連結銀行的「AI 機器人理財」帳戶，銀行就只會收一筆信託管理費，而不是兩筆。所以，客戶在費用成本上「不會被剝兩層皮」
信託連結指單帳戶	提供「投資再平衡」機制，且有多個投資組合可供挑選。且委託人（投資人）也可進一步與銀行約定，將投資海外債券所取得的利息，贈與給第三人（也就是「本金自益、孳息他益」信託）
信託連結集管帳戶	·委由專家代操，類似「組合式基金」的操作模式，且可選擇標的更加多元 ·低門檻、低成本：國內開放給投信、投顧業者所承做的「委外代操（正式的名稱應該是「全權委託投資」）」業務，最低的資金門檻是 500 萬元（一般代操機構的最低門檻，實則要上千萬元）。但一般集合管理帳戶不論單筆投資或定期定額，最低只要新台幣 3,000 元即可 ·低代操成本：一般管理費比照勞保基金委外代操的基本管理費率（0.12%），另外，還會按「獲利 20%」收取一筆「績效費用」（萬一出現虧損，要將虧損「補回去」），但集管帳戶一般組合型的管理費，大約是 1% ～ 1.6%
信託 + 投資理財建議	可以解決信託委託人兩大問題： ·協助投資人在市場大漲或大跌時，進行紀律性的「股債再平衡」 ·當委託人不幸遇到失能或失智，需要啟動信託定期或不定期支付功能時，只要信託監察人或監護人通知受託銀行即可 ·在信託給付期，也可提供「定期定額解約」的功能

製表人：李雪雯

缺點
· 多數安養信託資金運用，非常保守（投資收益不高） · 由於理專的收入結構，是以「手續費收入」為準。所以，客戶無法避免被理專「頻繁洗單（理專為了業績的達成，必須讓客戶頻繁申購及贖回不同的投資標的）」的問題 · 無法幫助客戶杜絕投資上的人性問題。這是由於投資人常常因為個性上的貪心與害怕，無法在行情大漲或大跌時，藉由「股債再平衡（行情大漲時，賣出獲利的資產；在行情大跌時，要買進跌深的資產）」的方式，進一步提升整體投資組合的獲利 · 客戶投資內容，只能以該銀行上架的投資標的為限 · 除非預先設立意定監護契約＋信託，若突然發生事故，預先準備安養照顧的錢，可能進不了信託專戶，並啟動定期支付功能。因為對受託銀行來說，只要是「不屬於銀行信託帳戶裡」的錢，就是不存在的財產、沒有任何「管轄」權。所以，受託銀行也沒有權利，將其從其他券商帳戶裡，把股票移到信託專戶之中。這個時候，必須由（意定）監護人做此動作
沒有「自動再平衡機制」，投資人只能在特殊的時點，由金融機構寄送「再平衡」通知信，在投資人表達「同意」之後，才會由系統贖回投資組合中，應調降比例的投資標的（例如基金或 ETF）、應申購應調高比例的投資標的（基金或ETF），或是買入新標的。而且，投資人只能 100% 接受，或拒絕系統所建議的「再平衡投資組合配置內容及比例」，不能自行調整申購或贖回標的的比例
投資人只能從多個投資組合中挑選，且只要選擇同一投資組合的投資人，組合內的投資標的都幾乎一樣。其次，所謂的「再平衡機制」，還是與真正「幫客戶決定股債比、投資標的及買賣時點」的「全委代操」，有一段相當大的距離
· 不保證獲利 · 信託管理費較高（組合型的管理費，大約是 1% ～ 1.6%），但至少不會收 0.2%、內含的「保管費」，以及在不同標的間轉換的「轉換費用」
以上透過特定金錢信託的「AI 機器人理財」系統依規定，還是只能提供「股債再平衡」的建議，並不能直接幫投資人，進行單筆申購或贖回標的

銀行提供的代操選項－指單 VS. 集管帳戶

　　金錢信託除了「特定」、「指定」與「不指定」的區別外，還可以依照「單獨」與「集合」帳戶進行區分。其中，「單獨管理運用」及「集合管理運用」的分別在於：信託財產的管理運用方法不同。以本書所著重的「安養信託」為例，因為是受託人與個別委託人訂定信託契約，且單獨管理運用其信託財產，所以是屬於「單獨管理運用信託」。

　　至於「集合管理運用信託」，則是指受託人依信託契約的約定，將不同信託行為的信託財產，依照其投資運用範圍或性質相同部分，進行「集合管理運用」。另外根據《信託業法施行細則》第 8 條，以上三種類型（指定、不指定及特定），再與「單獨」及「集合」兩種運用方法交叉組合之下，又有以下六種的區別，其分類及差異請見下圖（圖 2-1-4）：

圖 2-1-4 「金錢型安養信託」的分類

資料來源：《信託業法施行細則》第 8 條

不過，在這麼多特金、指定、不指定金錢信託業務中，一般民眾最常見及使用的信託業務，就只有以下三種：特定金錢信託、指定單獨管理運用金錢信託（簡稱「指單帳戶」）及指定集合管理運用金錢信託（簡稱「集管帳戶」）。

看到幾個跟「信託」有關的名詞，也許讀者會問：對投資人來說，特定金錢信託，與「指定單獨或集合管理運用帳戶金錢信託」的運作，到底有何差異呢？

事實上，除了三者間的收費或有不同外，對於一般投資人來說的最大差異，就在於其帳戶形態及運作方式。所謂的「指定」，也就是委託人（投資人）指定一個範圍，再由銀行的投資團隊「代操」，機動性地進行投資標的、買賣時點與股債比的調整。而與「指定」相對的，則是一般投資人所熟知的「特定」金錢信託，而特定金錢信託的投資標的、買賣時點或股債比配置，則完全由投資人（委託人）自行決定。

至於「單獨」與「集合」帳戶之間的差異，則是「指定單獨管理運用」帳戶的每一位委託人（投資人），都有一個獨立且資料透明的財務帳戶。委託人可以透過這個帳戶，了解自己的資金，持有哪些投資標的？而與「單獨」帳戶相對的，則是「集合管理運用帳戶」。所以，投資人其實可以把「集合管理運用帳戶」，看成是一個個「共同基金」的概念。

那麼，「指定用途金錢信託」採取「單獨」或「集合」帳戶，對於投資人來說，到底有何差別或好處呢？以「指定單獨」帳戶為例，每一位投資人都可以清楚看到名下的所有持有標的（基金或ETF），

但「指定集合」的投資人，則只能獲得每日帳戶的淨值資料。

此外，兩者的操作（代操）模式，也有一定的差異。「指定集合」帳戶的投資經理人，就跟基金經理一樣，幫投資人選擇「一籃子標的」，同時自行在適當的時點，進行買進或賣出的決定。而由於「指

表 2-1-6 特定、指單與集合管理－「金錢型安養信託」的比較

	特定金錢信託	
針對對象	一般投資人，可公開打廣告	
帳戶	單獨（投資人名義）	
投資模式	投資人自行投資	
標的買賣決定	投資人自行決定	
投資標的	主管機關核准的基金或 ETF 為主	
申購手續費 **（外加、前收型）**	1.5%～3%	
（保管銀行費內含）	0%～0.2%	
基金管理費（內含）[3]	股票型：1%～2% 債券型：1%～1.5% 以上視基金規模大小而定	
信託管理費	基金贖回時收 0.2%	
轉換手續費	同一家轉換手續費：0.5%～1%	
贖回手續費	贖回手續費：0.5%（目標到期債券型基金提前贖回約 2%）	
稅負	・境內基金：利息、股利所得稅、海外所得稅 ・境外基金：海外所得稅，只在有實際收益時才課稅	

製表人：李雪雯

定單獨」帳戶的投資人人數眾多，主要是由所謂的「AI 理財機器人」，透過大數據的運用，從上千檔標的回測數據中，提供數個或數十個「投資組合」供投資人選擇。之後，則是透過「自動再平衡」的機制，代客戶進行停損、停利動作，相關比較請見下表（表 2-1-6）。

指定集合管理運用金錢信託（集管帳戶）	指定單獨管理運用金錢信託（指單帳戶）
銀行信託客戶，不得公開打廣告	一般投資人，可公開打廣告
集合（受託人名義）	單獨（投資人名義）
主要是投資經理人決定投資標的與買賣時點	主要是機器人透過大數據方式選股，並進行自動再平衡
投資經理人決定	透過自動再平衡機制
依《信託資金集合管理運用管理辦法》第 9 條規定，以具有次級交易市場之投資標的為原則（如股票、基金、ETFs、債券等）	主管機關核准的基金或 ETF 為主
1%～2.5% 之間，依帳戶類型及持有時間而有所不同	無
無，信託業自行保管信託財產，不另外收費	無
視帳戶設計而定，一般來說，目標到期債帳戶為 0.85%，組合型帳戶約為 1%～1.6%	0.79%～1%
無（未開放辦理轉換）或 500 元新台幣，或等值外幣	無
依照投資標的，或是否定期定額贖回而定	無
利息、股利所得稅、海外所得等，並依所得稅法，於所得發生年度課稅 [4]	

但在圖（2-1-2）中所提到的幾種方式中，個人最不建議的就是第一種─將投資與信託分開（不論是先成立一個預開型信託，或是一般信託），然後，投資在同一家銀行，或是不同家銀行的標的（特定金錢信託的各種基金、ETF，或是指單帳戶、集管帳戶）。我所持的理由就在於：

1.沒提早成立信託，事發之後，也可能永遠成立不了。 這是因為，當事人的監護人，不見得會照委託人的想法，在其失能或失智時，幫其成立信託，或是把委託人的所有財產，按其意志移轉到信託專戶中。根據有經驗的銀行信託部門人員的說法，其原因在於：信託之後，一方面要支付信託管理費，另一方面，由於信託帳務透明，照顧人或監護人就很難再「上下其手」了。

2.有提早成立信託的，事發之後，也需要專人負責移轉委託人的財產。 就算開了成立後，可以暫時不用支付信託管理費的預開型信託，當委託人面臨失能或失智時，也需要借助監護人，將其財產匯入到信託專戶中。但如果開立一般信託，只要信託監察人，負責通知受託銀行，就可以馬上啟動支付功能，將信託資產依照信託契約所訂立的內容（陸續分批將投資標的贖回），以「專款專用」在信託受益人（委託人）身上。

以上要特別提醒讀者注意的是：就算信託委託人，是透過同一家銀行信託部門所提供的「特金」、「指單帳戶」及「集管帳戶」業務。假設並未與所設立的信託專戶進行連結，一旦委託人失能或失智，需要啟動信託給付時，委託人不論是「特金」、「指單帳戶」或「集管帳戶」裡的投資資金，都無法「自動匯入」信託專戶，還是得由委託

人的監護人，協助將以上資產換成現金，再匯入信託專戶中假設遇到像最近一年以來，金融市場大幅波動的情形，原本準備充足的退休金，就很可能因為「必須先賣出，再用金錢成立信託」，而面臨「嚴重不足」的困境。

擔心自己活太久，退休金不夠用？

假設委託人擔心自己過於長壽，原先準備的退休金不夠用，還需要持續增加以打敗通膨，那我會建議如下的做法：

1. 先立好意定監護契約，並同時以少許資金，成立一個信託專戶。（有關意定監護契約＋信託，請另見「2.5 人選之人，讓資產輕鬆自轉－意定監護契約＋信託」專文介紹）。在自己還能意思表示時，可以從其他投資帳戶裡，將所賺的錢匯入到信託專戶中；而在自己毫無意識之下，則由意定監護人，依照原先所訂的意定監護契約的約定，幫委託人完成「把其餘資產，一次（如此可以減少意定監護人的麻煩，且錢多一點或少一點，已經不太重要了。反倒是錢放在信託專戶中進行「專款專用」，還比較重要些，或分次（可寫在意定監護契約之中，但到底是一次或分次，還是看當事人的狀況。假設意定監護人很懂股票，也許「分次」比較好）移轉到信託專戶」的工作。如此一來，所有的錢，才能專款專用在委託人身上，達到照顧委託人生活的目標。

舉個例子，委託人有 200 萬現金交付信託，但有 300 萬元等值股票，想日後再交付信託。當委託人無行為能力，又無法下指示時，這300 萬元等值股票，因為並不在信託契約之中，對受託銀行來說，就

是不存在的財產、沒有任何「管轄」權。所以，受託銀行也沒有權利，將其從其他券商帳戶裡，把股票移到信託專戶之中。這個動作，必須由（意定）監護人做。

2. 扣除一定的「保命錢」之外，信託帳戶裡的其他資產繼續投資。當然，因為委託人已經退休，在資金的運用上，已經不適合做太過積極及高風險的投資，所以，建議有「退休金仍稍嫌不足」的民眾，在投資標的上的選擇，要更加小心及注意。

假設民眾自己不擅於投資，則可以另外找尋可以協助進行投資建議的專家。目前已經有銀行信託部門，跟外部的投顧公司合作，推出理財機器人的投資理財服務。

---

1. 是指「委託人必須明確指是什麼時間？以多少價格，買賣哪一種金融商品？」；「概括指示」與「具體指示」類似，資金運用的指示範圍會比「具體指示」更寬，但仍由委託人提出。
2. 「不指定（用途）信託是指委託人不下任何指示，但受託信託機構在資金的運用上，只能投資於現金、銀行存款、公債、公司債、金融債券、短期票券等標的物。
3. 這筆費用是基金公司收取，並非銀行信託部門額外向投資人收取。
4. 所得稅：在所得發生年度，而非收益分配年度課微；證交稅：由於受益權證並不是有價證券，所以，並不需要繳交證交稅；其他：信託帳戶終止、分配、清算之後，信託財產依一般信託方式課稅。

2-2 未雨綢繆才是良方──保險金信託

「保險金信託」運作流程示意圖

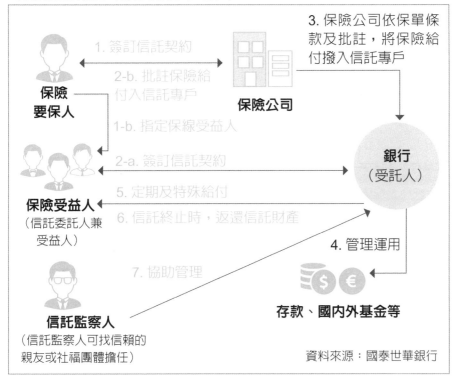

保險要保人

1. 簽訂信託契約

2-b. 批註保險給付入信託專戶

1-b. 指定保線受益人

保險公司

3. 保險公司依保單條款及批註，將保險給付撥入信託專戶

保險受益人
（信託委託人兼受益人）

2-a. 簽訂信託契約

5. 定期及特殊給付

6. 信託終止時，返還信託財產

銀行
（受託人）

4. 管理運用

7. 協助管理

信託監察人
（信託監察人可找信賴的親友或社福團體擔任）

存款、國內外基金等

資料來源：國泰世華銀行

【案例一】62 歲的張太太，是位資深的公務員。她有兩位小孩，老大是親生的女兒。因為大女兒從小就是身心障礙者，為了怕自己沒法陪大女兒終老，所以，又收養了男孩做老二。

正因為大女兒是身心障礙者，所以張太太從很早以前，就開始努

力為老大存錢。所以，她買了非常多的保單，差不多有十幾張吧。這些保單中，要保人及被保險人都是她自己，但在受益人部分，也都很平均分給兩位小孩，沒有誰多、誰少的問題。

她認為既然幫小孩，買到足額的保單，應該就可以安心了。但有一天，一位銀行理專告訴她，這樣對小孩的保障還不夠。特別是對於生活無法自理的大女兒來說，應該要做「保險金分期給付（在保單上進行批註）」才行……。

整體來說，不論成立保險金信託的保單，是屬於什麼樣的種類，都不脫「子女教養（包括身心障礙子女的照顧）」及「退休安養（包括長期及醫療照護）」兩大目的，詳情請見（表 2-2-1）：

表 2-2-1 不同保單設立的「保險金信託」—目的性比較

	保險金名稱	信託目的
單筆給付	身故保險金	子女教養
	全殘保險金	退休安養（長期照護）
	滿期金	退休安養、子女教養補充金
	健康險一次性給付（重大疾病、特定傷病、長期看護、癌症保險金）	退休安養（醫療照護）
分期給付	失能保險金	退休安養（醫療照護）
	生存保險金	退休安養、子女教養補充金
	年金	退休安養

製表人：李雪雯

解決辦法

現階段張太太最該擔心的，是自己萬一不在之後，會由誰來照顧這位身心障礙者的老大？假設老大連自己都無法照顧，如何能「善用」每月由保險公司，匯到其銀行指定戶頭的保險金？而且不怕這筆錢，被其他人（例如她在法律上的「弟弟」）挪用？

簡單來說，「保險金分期給付」雖然能幫當事人「省下一筆信託管理費」，卻完全沒有把這位媽媽對子女的擔心「完全去除」。就如下表裡所提到的，保險金信託的最大優點就是：儘管要支付一些費用（如信託管理費，或是可能的信託監察人費用等），卻可以在信託中設立信託監察人，協助確認每一筆給付，都有真正運用在沒有行為能力的受益人身上，詳情請見（表 2-2-2）。

表 2-2-2 保險金分期給付 VS. 保險金信託

	保險金分期給付	保險金信託
性質	保單（有信託「定期給付」的功能，但並非信託業務）	信託
處理方式	新保單可在投保時約定；舊的保單可以透過批註方式，變更為分期給付	預開型信託（信託尚未成立，待事故發生、保險公司支付理賠金，並匯入信託專戶中，才正式啟動信託）
優點	只需要向保險公司批註即可，不用再多支出一筆信託管理費	可以在信託中設立信託監察人，協助確認未來每一筆給付，都有真正運用在沒有行為能力的受益人身上
缺點	假設受益人沒有行為能力，或是對金錢沒有良好的控制能力，保險金分期給付完全無法解決問題	因為屬於信託業務，所以，每年會有一筆信託管理費；且如果是找公益團體或法人擔任信託監察人，也需要額外支出一筆信託監察人的費用（但因為屬於預開型信託，所以在保險理賠金，未正式匯入信託專戶中生效前，還不用支付相關費用）

製表人：李雪雯

專業建議

建議張太太首先成立保險金信託，並請保險公司在保單上進行批註。未來一旦張太太身故，所有約定指定給付的保單的理賠金，都會直接匯入到大女兒所成立的保險金信託專戶中，並開始啟動信託契約所約定的定期或不定期給付。

其次，設立一位（或多位，可指定順序）信託監察人。其功能在於：定期訪視大女兒，是否有受到最好的照顧？或是針對大筆金額的特殊給付進行審核工作。

再者，一定要在信託契約中約定：委託人（大女兒及其監護人）不得解除信託契約，或是「若要解除信託契約，必須經由信託監察人的同意才行」，以確保張太太的保險金，能充份照顧到身心障礙的大女兒身上。

最後，如果子女沒有身心障礙問題，但卻有亂花錢的壞習慣。也可以仿傚香港已故明星沈殿霞的做法，設立一個「受益發生的時間（例如 40 或 50 歲之後）」。

【案例二】林先生在中風、成為植物人之前，是有投保每月（合計）可領 10 萬元的失能險。但在成為植物人之後，林先生的子女拿到這每月 10 萬元的保險給付，只花了不到 3 萬元，幫案主請了一位外籍看護工照顧外，其餘剩下來的錢，就成了家人的「額外家庭收入」……

解決辦法

事實上，由於失能與失智風險難測，類似林先生這樣，一旦自己喪失行為能力時，就算之前買足了各種健康險，保險公司也確實給付各項保險理賠金。所以，不論是單筆或分期給付，如果沒有搭配信託契約「加一道安全鎖」，被保險人在保險事故發生之後，恐怕仍舊無法獲得原先預期的保障，和照護品質及需求。

最釜底抽薪的解決之道，就是在保戶「已買」或「準備買」的保單上面，加一個「保險金信託帳戶」的「批註」，把未來保險理賠金，不是匯到被保險人名下的帳戶裡，而是所指定的信託帳戶。當保險金進入信託帳戶時，信託契約就可依約開始正式啟動，並且依照原契約所約定的內容，執行信託委託人希望能夠辦到的項目。

注意事項 VS. 衍生問題

簡單來說，保險金信託是委託人（必須是保單的受益人）透過信託契約，與保險公司約定（在保險契約上做批註）：一旦發生保險理賠，理賠金將撥到信託專戶內。之後，受託人（銀行）則會依據原先簽立的信託契約內容，管理並運用這筆保險金，並且，再將理賠金依委託人的契約指示，定期或不定期的支付給保單的受益人（信託的受益人）。

正因為以上保險金信託的定義如此，不論民眾成立保險金信託的目的，是為了自己日後的長照醫療，或是為身心障礙或未成年子女生

活，都有以下幾項注意事項：

1. 不論是為自己退休安養、長期照護做準備，還是為子女教養，保險金信託，全都是「純自益型」信託。這是因為，可以成立保險金信託的委託人，必須是「保單的受益人」，且同時也必須是信託的受益人。

此外，一定是「指定保單受益人」的保單，才可以做保險金信託。如果保單是寫「法定繼承人」，這當然不能做保險金信託。假設保險公司，允許要保人把「法定繼承人」，改成「特定受益人」，就可以再做保險金信託了。但是，假設保單是「團體險」或「意外險」等制式化保單，可能不能讓保戶更改受益人。如此，保單就不能交付信託。只是，那種「沒法更改受益人」的保單通常不多，多半是特定的意外險或短期險，或是信用卡送的保險。

2. 保險金信託的保險給付（可進行批註的保單種類）有限制。由於各家保險公司可以規定「什麼商品，或什麼保險金可批註進信託」，所以，並不是保戶想要將保單進行批註都行。

一般來說，只要是保單條款上條列的各項給付，不論是單筆的身故／全殘保險金、滿期保險金、重大疾病／長照／失能保險金，或是定期給付的失能保險金、年金等，都是可以交付信託的標的。

以上唯一例外的是「投資型保單帳戶價值的解約金，或是傳統保單保價金的解約金」。原因就在於「解約金並不是保險金」，但能做保險金信託的標的，都必須是「保險金」才行。就以年金險的「年金」為例，大部份保險公司並不同意把年金保險金進行批註，其「檯面上」

的理由在於：年金已是每年給付，具有類信託功能。但是據了解，真正「檯面下」原因還是在於「每年給付行政作業很多」。舉例來說，年金給付前身故，或是年金給付期間才身故，在作業系統裡是不同科目，分屬不同壽險部門。所以，一旦沒做系統註記，將會導致保險公司行政作業，變得異常複雜。

3. **保險公司願意批註，但受託銀行是否接受？**由於保險金信託的委託人（保單受益人），必須在完成簽訂保險金信託契約之後，由保單的要保人另外向保險公司，申請辦理保單信託批註（要求保險公司在保險契約中批註「保險理賠金限存入 XX 銀行受託信託財產專戶—XXX（委託人姓名）」，相關辦理程序將依各保險公司規定為準），才能確保日後發生保險理賠事故時，保險公司將理賠金撥付到指定的信託專戶中。

4. **留意有些銀行不收外幣保單。**目前除了少數幾家受託銀行外，各信託業者所接受的保險金信託標的，就只限於「台幣」保單，並不包括外幣保單。假設民眾有外幣保單要進行保險金信託，一是找「有收外幣保單的受託銀行」，另一則是「在保險理賠金匯入到信託專戶時，由受託人會同委託人至外匯部門臨櫃換匯，先將外幣兌換成台幣，再進入到信託專戶中」。

當然，這樣做仍會有一定的風險，其一是「兌換當日的匯率風險（例如台幣升值）」，其二則是：當信託契約是「特定單獨管理（也就是「特定金錢信託（簡稱「特金」）」時，委託人若無行為能力，不能向受託銀行下指示（換匯）時，整個信託機制將無法順利啟動（請見以下第六項「6.信託資金運用權」內容）。

爲何有些受託銀行，台幣、外幣保單信託必須分開處理？

根據信託業者的說法，這主要是因為牽涉到外匯部分，是屬於央行的職權，且外幣帳戶的外匯額度是算客戶的，而非銀行的。

目前，永豐、國泰世華、遠東銀行等，都已有開放「台、外幣保險金信託」的業務（其優點是「可將外幣保險金直接匯入帳戶，並換成台幣」），有外幣保單的民眾，可多詢問幾家銀行。

5. 一張契約可同時納入多張保單，但每位保單受益人要分別簽立信託契約，且納入新保單時要修約：一般來說，凡是「以委託人爲保險受益人」的保單，都可隨時申請附加在同一份保險金信託契約中（也就是可以同時交付多筆保單，在同一份信託契約之中）。只不過，如果要同一張保單中，擁有不同受益人，受託銀行會請各受益人，分別與銀行簽訂不同份的保險金信託契約。

根據業者的說法，其理由是：不同保單受益人只對屬於自己受益權的保險給付，擁有所有權及支配權，即使是兄弟姊妹親屬之間，也會有不同的見解及主張；況且依《信託法》第一條：委託人是「爲交付及移轉財產權之人」；其他不屬委託人（不同受益人）的保險金，保險公司既無法區分，自然也無從交付！

另外，如果在某些特殊狀況下，委託人不得不將保險金給付，放入一份信託契約中，再做其他的受益分配（即「部分自益、部分他益」，

但通常會採客製化方式規劃）時；這樣的信託契約，若牽涉到部份自益部分他益，還會有贈與的問題。這部份委託人必須檢附各式文件，並經國稅局的稅額核定，會變得非常麻煩！

如以上所述，由於不同受益人各有其不同的需求，以及管理處分模式，在同一份契約中規劃會有相當的複雜度！通常銀行都會拆單、分別規劃，這樣反而會簡單得多！根據熟悉保險金信託業務的人士表示，由於信託部和稅局承辦人對各種保單的了解和給付及核稅，幾乎都不在行，與其這麼麻煩，不如重新調整保單及拆分，並個別成立信託來的簡易！更何況，拆成幾份保險金信託契約，也只差一點簽約金和管理費的差額，但實際運作起來，比較容易一些、且更符合個別委託人的需求。

再者，這些納入的新保單，是否要額外支付一筆修約費？不同銀行的做法也都不同。以第一家開辦「保險金信託共銷」的國泰金控為例，假設客戶跟國壽買保單，想把其他家的保單，一次進行保險金信託。那就要看這位保險業務員，是否會一併幫客戶進行服務？理論上，參與共銷的保險業務員，只會做國壽保單的批註及保險金信託簽約。

若客戶想將保險金信託，納入其他家保險公司的保單，在簽訂共銷的保險金信託契約時，客戶仍然可以加入非國壽保單，只是其他保單批註的部份，仍需由客戶自行處理。簽立信託契約時未納入的保單，之後也隨時可以再跟國泰世華銀行，透過「修約」的方式增加、納入，但是，關於保單批註的部分，還是要客戶自行處理。

6. 信託資金運用權： 就「信託」端來說，不論是為子女教養，或是自己的退休安養，委託人在規劃保險金信託時，必須留意之處在於：

資金運用及給付項目等約定，是否符合委託人的需求？保險金信託在資金運用方面，有的業者會允許委託人勾選「多少比例做定存」？「多少比例做國內或國外金融商品（例如基金或 ETF）的投資」？一旦保險金進入到信託專戶後，受託人就會按當初約定的分配比例，去進行資金的配置。

有些標準化保險金信託契約，是這樣安排。當然，也有完全不能做任何投資（只能放定存或活存）的標準化保險金信託契約，這都要看各銀行的規定。所以，客戶一方面，要去比較哪一家受託銀行，比較適合自己？

一般金融機構（受託人）在面對老年，或身心障礙族群時，通常會提供委託人採用的是「特定單獨管理」的制式契約（即由委託人日後以書面文件，指示受託人依照契約的各項約定辦理，受託人對信託財產，並沒有運用決定權），且把錢（保險理賠金）「限定」配置在定存或活存上。

然而，由於目前市場利率仍低，單純把保險理賠金，放在收益率極低的定存或活存上，對於資金不夠雄厚的委託人來說，可能會面臨無法長久支應自己失能或失智後所有開銷的風險。所以，假設能將保險理賠金，分散在不同形式的資產（像是定存、活存，或是股票、債券、基金等標的）上，儘管委託人需要做投資屬性（KYC）的評估，但比較有機會能夠讓信託資產，產生更充足的現金流，以支應委託人的長期需求。

不過問題來了，如果將信託資產，分散在不同金融商品上，買進及賣出的決定權，一般都是由委託人自行決定（因屬「特定單獨管

理」）。而這，又會讓委託人面臨「一旦委託人失能或失智、導致『行為能力喪失或不足』，且無法繼續做出買、賣指示，有可能造成當事人，不能順利領到錢」的風險。當然，委託人還可以事先與信託機構，簽定採用「指定單獨管理（委託人對信託財產，進行概括指定營運範圍或方法，並由受託人在該概括指定的營運範圍或方法內，對信託財產具有運用決定權）」的方式進行。只不過，這項「指定單獨管理」業務，並非所有銀行信託部門都有直接開放辦理。目前，一般銀行信託部門在衡量資金，避免因風險受折損的情況下，多半是提供制式化的「特定」契約給一般大眾。

7. 信託期間的設立。假設設立了信託期間，當信託契約屆期、保險事故尚未發生，信託契約便會自動失去其效力，保險金就不會進入到信託專戶，信託契約也永遠不會被啟動。

就以照顧未成年子女為例，是可以將信託契約設定為「子女長大成人」之後（例如 18、20 或 25、30 歲）；但如果是為了終身照顧身心障礙子女，或是為了自己罹病後的醫療照護，信託契約當然就應該設定為至受益人身故為止。如果是子女教養為目的的信託，一般會設定「年限（例如 20 年後，將信託財產交給子女）」或「年齡（例如子女 20 歲之後，逐年給付信託財產）」。

8. 簽署放棄「變更受益人權利」。保險金信託的關鍵重點在於「保險公司能不能把錢，放進信託專戶」，且成立保險金信託的委託人，必須是保單的受益人，而非保單的要保人。

但是，由於要保單要保人，擁有隨時將保單解約，或是更改受益人的權利。所以哪一天，保單先被解約了，或是更換了受益人，這筆

保險金信託的錢，就永遠不會進入信託專戶。委託人（保單受益人）不一定知悉，也不會主動通知保險公司及受託銀行，常常讓受託銀行「是很頭痛」。

且更重要的是，過去就曾發生過這樣的案例：委託人約定保險金要交付信託，可是後來失智了，然後有新的監護人（例如小孩）。但是，監護人（小孩）就去保險公司更改批註，讓保險理賠金不入信託專戶，而選擇將理賠金，直接匯入到監護人（小孩）的戶頭，這樣一來，就不用再另外支付信託管理費，且監護人的資金使用起來更為彈性。

由於實務上，曾經出現這樣的問題。後來保險局便有明確函釋：只要要保人生前與保險公司約定，同意放棄對受益人及變更契約的處分權，保險公司就可以依約定辦理，確保保險金確實匯入信託專戶。所以，有些要保人若擔心發生以上的情形，可以在保險金給付的約定上面，進行相關約定。由於要保人都已放棄對受益人，以及變更契約的處分權，監護人未來若要去保險公司更改批註，保險公司也不會讓其更改。如此一來，保險理賠金就不會被「中途攔截」，這也是想做保險金信託的民眾，可以注意及了解的地方。

9.設立信託監察人，以免信託契約被任意變動。除了以上「放棄變更受益人權利」的做法外，也可同時透過信託監察人的設置，避免委託人任意變更、提前終止信託契約，或是任意提領信託財產。

保險公司不批註保險金，怎麼辦？

現在慢慢的，越來越多的保險公司，其實都可以做批註，偶爾遇到「保險公司不願意將保單批註」的情形，則需要瞭解原因，並持續跟保險公司反應及溝通。其次，如果是為退休安養而買的保單，但保險公司不進行批註，則可以透過意定監護契約寫清楚，要求意定監護人在自己「喪失行為能力」之後，將保險理賠金，匯入到信託專戶中。

但是，假設民眾想透過遺囑信託來約定，「將保險理賠金，匯入到信託專戶中」，這樣就不行。因為，這筆錢並不屬於「遺產」，所以，就無法用遺囑去進行規範。而遺囑能夠規範的保單，只限於「要保人＝立遺囑人」的保單，但被保險人，並不是立遺囑的人。也就是說，這張保單只有在要保人身故時，才會變成他（要保人）的遺產，但由於「要保人≠被保險人」，所以，這筆錢並非保險給付（只有「要保人≠被保險人」的這種保單，才有可能在遺囑中，去做一些交待及分配）。

此外，為便於實務運作，部份銀行的保險金信託專戶，會設一個專用的入款專戶（所有客戶共用的，但只是「入金」的共用，保險金匯入後，才會區分是哪一位客戶的保險理賠金），前面四碼代表實際帳戶帳號，後面則通常是用保險受益人的 ID 進行區分辨識，未來保險金要交付時，保險公司就會將保險金，匯入到以上的帳號（四碼保險金信託帳戶＋客戶 ID），受託銀行就會將這筆錢，入到此一客戶自己的信託專戶去。客戶簽完約，銀行信託部會去審核，當身分證明文件、契約填寫都沒有問題且齊備了，才會於保險金信託契約上蓋章用印。

所以，在進行保險金信託時，受託銀行會先把以上所有客戶共用的那個「保險金信託預約虛擬專戶帳號」提供給客戶，並要他們先去保險公司，將保單進行「批註」，未來保險金才能直接匯到此一帳戶（戶名為：XX 銀行受託信託專戶）中。

保險公司在進行批註時，一定會要求要有「有效的信託契約」，以證明信託關係已經成立，然後，委託人還要給一個信託帳號及戶名，才會進行批註。批註之後，受託銀行都會要求客戶，回傳一份批註的影本（證明文件）。

因為如此一來，受託銀行才會知道，客戶都有去保險公司進行批註。要不然，客戶有申請保險金信託，也有簽立契約，但如果保險公司未做批註，日後保險金理賠時，保險金還是沒法匯入銀行的保險金信託專戶，此一信託契約就白做了，或是有部分保險金，入不到信託專戶中。

所以，以上的重點並不在於「有沒有影本」做證明，而是保險公司「有沒有批註」。「提供影本」的目的，只是讓受託銀行確定，客戶有確實做完「保險公司批註」那一段而已。

正因為保險金信託會牽涉到「受託銀行」及「保險公司」兩方面，所以在此要特別提醒有心想成立保險金信託的民眾，先去問問保險公司能不能做保單批註？因為**保單能批註，才能確定保險金可以交付進信託，這樣保險金才能受到信託保障，做信託才有意義。**

目前，大多數銀行的信託部門，只要保險公司「願意批註」，使保險金可依約定匯入信託專戶，不論保險金是單筆付或多次給付，銀

行都沒有什限制。但是據個人私下了解，有的銀行會因為人工作業的繁瑣等問題，只收某幾家保險公司批註保單（或是保險公司只願意為某一家或幾家銀行，進行保單批註），或是只收單筆給付保險金，不接受定期給付保險金的情形。

通常只要是受益人受益的保單，不同的保險公司，只要能批註得進來，銀行端並不會在意或刻意，選擇跟某一家保險公司合作。或許部份受託銀行考量作業負擔，就分期給付的保單，可能做些限制。當然，有的是整體金控的考量，因為同一金控作業比較容易，所以，只要是自家金控的保險公司，即使是分期給付的保單，銀行端也比較不會去限制。但是對於其他保險公司，可能有些覺得作業太麻煩，而會有所限制。這部分，就是個別受託銀行的單獨作業考量。

對此，客戶就只能「貨比三家」、多詢問幾家了，或是繼續跟保險公司或受託銀行爭取了。甚至，個人還想提醒為了成立保險金信託，而購買各式保單的民眾，由於涉及到保險公司是否批註的問題，所以，民眾在下一次投保相關保單時，最好問清楚保險公司。假設保險公司不願意進行批註，或是只願意批註給某一家銀行，寧可買其他家的保單！

運作「保險金」信託的八大步驟

步驟 1. 洽詢及討論：委託人兼受益人（即保險受益人）與受託銀行討論，及規劃適合自己需求的保險金信託內容。

步驟 2. 簽約：保險受益人及法定代理人親自攜帶相關文件，到受

託銀行辦理簽約手續。

步驟3.信託簽約手續完成；受託銀行開立信託專戶，並寄發信託成立通知書。

步驟4.信託註記：出具信託成立通知書及保險金給付方式指定書，向保險公司辦理保單批註或聲明，並將批註文件寄回受託銀行，保險金信託契約便完成。

步驟5.當委託人兼受益人（即保險受益人）發生理賠事故，或是獲得滿期保險金時，向保險公司提出理賠及給付申請。

步驟6.保險公司交付保險理賠金，或滿期保險金給受託銀行。

步驟7.受託銀行針對交付的信託財產，依約進行管理及運用。

步驟8.受託銀行依契約的約定，定期給付給委託人兼受益人（即保險受益人）。

保險金信託的相關費用

現在對多數銀行來說，保險金信託應該都是標準化的契約。當然，要另外量身訂做也有。簽約費有的 3,000 元，有的 5,000 元，頂多就是「有沒有專案優惠」。一般信託管理費，大約是 0.5%，但假設是 VVVIP 的客戶，匯入的保險金金額很高，雖是標準化契約，但也可以議價。

有些銀行的信託管理費，是 1,000 萬元以下 0.5%，1,000 ～ 3,000 萬元，適用 0.4%，3,000 萬元以上，則是收 0.3%。假設交付信託 1,500 萬元，第一個 1,000 萬元是收 0.5%，第二個 500 萬元則是收 0.4%。此外，保險金信託目前因為是制式化契約，且是屬於預開型信託，最少只需 3,000 元左右的開辦費（簽約費），詳情請見（表 2-2-3）。

表 2-2-3 「保險金信託」的費用

名稱	費用
簽約費	約 3,000 ～ 6,000 元
信託管理費（指保險金進入信託專戶中後才收的費用）	一般按信託資產規模的 0.3% ～ 0.5% 收取
修約費	約 1,000 元

製表人：李雪雯

「不動產保全信託」運作架構示意圖

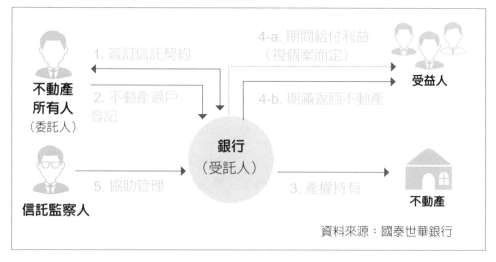

1. 簽訂信託契約
2. 不動產過戶登記

不動產所有人（委託人）

信託監察人

5. 協助管理

銀行（受託人）

3. 產權持有

不動產

4-a. 期間給付利益（視個案而定）

4-b. 期滿返回不動產

受益人

資料來源：國泰世華銀行

「留房養老信託」運作架構示意圖

依信託約定管理運用信託財產，及提供信託給付

委託人

1. 簽訂信託契約
2. 交付信託財產

受託人

3. 信託給付
4. 信託終止時，返還剩餘信託財產予受益人或其繼承人

受益人

【方式一、不動產未信託】
由委託人自行與包租代管業者，或物業管理公司簽約，並約定租金存入信託專戶，或約定存入委託人帳戶，委託人再另匯入信託專戶

【方式二、不動產交付信託】由委託人依信託約定，與包租代管業者，或物業管理公司簽約，約定租金存入信託專戶，並依稅法規定開立發票，及轉開租賃所得憑單

資料來源：國泰世華銀行

「以房養老信託」運作架構示意圖

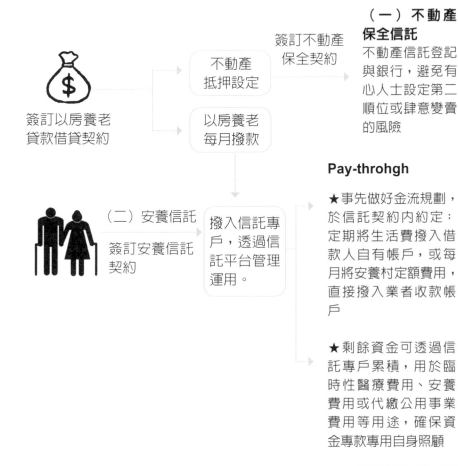

（一）不動產保全信託

不動產信託登記與銀行，避免有心人士設定第二順位或肆意變賣的風險

Pay-throhgh

★事先做好金流規劃，於信託契約內約定：定期將生活費撥入借款人自有帳戶，或每月將安養村定額費用，直接撥入業者收款帳戶

★剩餘資金可透過信託專戶累積，用於臨時性醫療費用、安養費用或代繳公用事業費用等用途，確保資金專款專用自身照顧

簽訂不動產保全契約

不動產抵押設定

簽訂以房養老貸款借貸契約

以房養老每月撥款

（二）安養信託

簽訂安養信託契約

撥入信託專戶，透過信託平台管理運用。

資料來源：第一銀行

【案例一】張小姐的老家，是在高雄市蛋黃區裡，一間沒有電梯的舊公寓頂樓（5樓）。張小姐自大學畢業後，就留在台北工作；而她的哥哥，則是在美國唸完書後，就留在當地工作，大概每一、兩年，才可能回台灣一次。

由於張小姐擔心年紀大、子女都不在身邊的父母，爬起樓梯來很是辛苦，很早就想把父母接來台北居住。在一番拉拒及波折之下，張小姐終於把父母接過來台北。但後續的問題卻是：由於子女都不可能回高雄，所以，老家的房子就面臨了「必須處理」的局面。

表 2-3-1 賣房養老、以房養老及留房養老—優、缺點

	賣房養老	
優點	手邊立即可有一大筆資金，可以自由運用於換成小屋，或是再租屋	· 養老金比較穩定、 · 可在熟悉的環境中 · 借款人因為辦理以可以全數扣減遺產也具有稅務規劃效
缺點	· 不論持有太短或太長，都會有高額稅負的問題（持有期間太短，會有兩地合一稅**註1**；持有時間長，則會有土增稅） · 高齡者賣屋之後再租屋，可能處於租屋市場的弱勢 · 一大筆資金入帳，很容易被詐騙或挪用	· 有利息支出，且升 · 每月金額與貸款年則月可用金額少），就斷炊 · 子女繼承不便、子與子女發生衝突 · 自住住宅可能因為適合退休養老 · 可貸金額受限於物較易承做，且可貸
適合者	懂得投資，且擅於金錢管理的人	單身無子女，或有子且只有一棟房子，同裡安養天年的人
可能稅賦成本	· 贈與稅：當屋主遺產金額（不動產及其他所有現金、股票等財產）過多，就有必要先透過賣屋的方式，提早將部分財產，過戶給子女 · 增值稅 · 買賣成本：主要是仲介費及代書費等	· 有利息支出，且升 · 在屋主（父母）過想拿回房產，必須利息，才能贖回房產

製表人：李雪雯

　　父母年邁，再加上哥哥又不在台灣，所以，處理南部不動產的問題，就落到張小姐的身上。但是，她的工作非常忙碌，再加上父母並不怎麼非得需要，靠這棟公寓「生出錢來」養老，所以，處理一事就這麼一拖再拖。不過最近，父母覺得房子空在那裡不處理，折損問題會越來越嚴重。所以，希望她能儘快處理好⋯⋯

養老	留房養老
比較多 養老 房養老的借款債務，還 總額。所以某種程度上， 果	・免付利息，免揹貸款 ・子女便於繼承 ・就算房子有貸款，也可以辦理（但租金收入要先支付貸款） ・透過包租代管方式，可降低管理風險
息時負擔會更重 期成反比（時間長，每 且貸款期間一到，資金 女可能不同意，且容易 無友善空間設施，而不 件地點，大都市蛋黃區 成數較高	・因包租代管有費用成本及租金限制，所得金額會比「以房養老」低且不穩定 ・如果不加入社會住宅包租代管，則會有額外的包租代管費用（約 10%），以及房屋修繕費用
女，但不想繼承房產， 時想在自己熟悉的環境	除了房產，手邊沒有其他退休金的屋主，且想要另外入住銀髮住宅，或手中不只一棟房子的人
息時負擔會更重 世後，法定繼承人如果 先支付銀行已借款項及	自行出租修繕成本，因為沒有誠實申報所得，而無法扣除

註 1：2021.07.01 起實施的「房地合一稅 2.0」，持有時間不滿 10 年而出售的稅率為 20% ～ 45%

對於退休族來說，退休之後透過不動產來「養老」的方式，不外乎是「賣房養老」、「以房養老（逆向房貸）」或「留房養老（出租）」三種，且以上三種方式都各有優、缺點，詳情請見（表 2-3-1）。在這三個方法中，出售是最為便利的；至於出租（留房養老），就一定會有稅（所得稅）的問題。

圖 2-3-1 屋主想要退休安養－如何處理不動產？

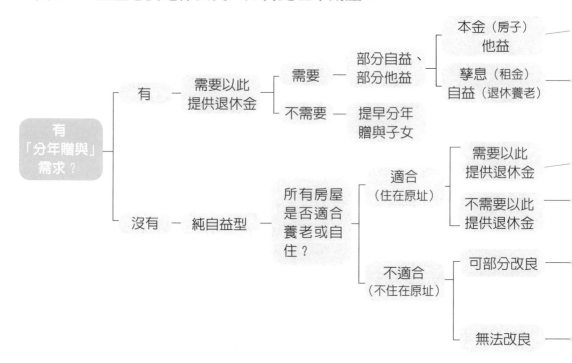

以上方向大致雖是正確的，但既然這本書會進一步深入探討各種信託業務的實際操作，所以我想就以屋主（房東）實際決策時的各種考量點為準，依次為讀者進行分析，並且提供相對應的建議，請參考（圖 2-3-1）。

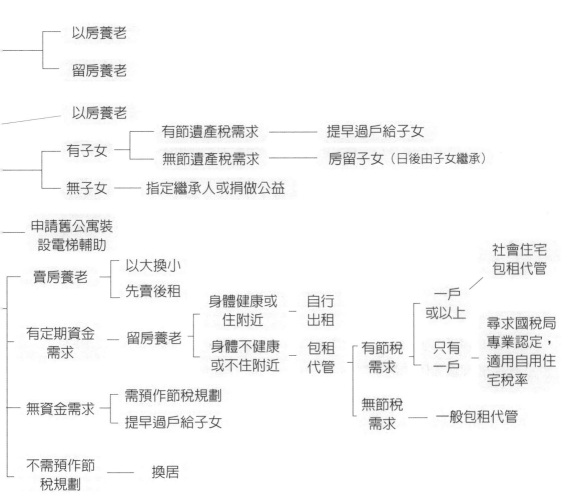

事實上，擁有房產的退休族，在思考該採取「賣房養老」、「以房養老」或「留房養老」時，多數時候會受限於「有沒有分年贈與需求」，以及「所有房產是否適宜居住」的問題。所以，有關決策的選擇，也會依此進行區分。

為什麼我會特別製作一張決策流程圖？其中最主要的原因就在於：每個人的需求不盡相同。也就是說，當在某個前提限制下，可選方案可能只剩下一種；但在其他狀態下，也許選擇就可以變多。

先以「有沒有分年贈與需求」為例，假設擁有房產的退休族，因為持有不動產（或加上其他資產）的價值過高（例如綜合案例三），未來子女有可能繳交高額的遺產稅，那麼，在將不動產資產活化的同時，也需要同時搭配一定的節稅規劃。如此一來，信託規劃就可能不是採取「純自益」型，而是「部分自益、部分他益」的方式。

但是，如果房產擁有的退休族，沒有非常急迫的「分年贈與」需求，而是希望將手中的不動產，進行「資產活化」，這樣一來，決策的主要考量點，就會落在「房屋原址是否適合養老」上頭。因為根據統計資料顯示，台灣預計在 2025 年，就進入超高齡社會。屆時台灣每 5 人中，就有 1 人是超過 65 歲的高齡者。

另外，根據不動產資訊平台資料顯示，今年第一季全台住宅平均屋齡已達 32 年，其中就有 101 萬戶屋齡在 50 年以上，高達 462 萬戶的屋齡在 30 年以上，比率達到 51%，每 2 間就有 1 間屋齡 30 年以上，顯見國人住在老房子裡的狀況相當普遍，台北市 30 年以上的老屋占比更高達 72%。至於全台屋齡 10 年內的住宅，比率僅有 12.1%，代表真正適合退休族安養的居住房子並不多。再加上選擇「以房養老」的前

提必須是「自住」，亦即**房屋持有者，必須住在逆向房貸標的的房屋內。**

先以「原居住地適合退休養老」為例，假設屋主需要從房產中，擠出一些退休金或長照的費用，那麼，就適合透過「以房養老」的方式；又假設不缺退休養老的費用，就只需考慮將房產，在自己百年之後，留給法定繼承人（子女）繼承。在整體決策思考上，相對都非常單純。

正因為以房養老業務的屋主，必須住在原地，所以，假設原先所持有房產，並不適合退休養老之用，恐怕這棟不動產，就只有「出租」、「出售」、「提早贈與」，或甚至最下下策的「放著不租也不賣」（請見表 2-3-2）。

表 2-3-2 退休後搬離原居地—房產處理模式之優、缺點

	優點	
放著不租也不賣	無	
出租	· 房子有人住有人氣，屋況還能維持得住 · 在未賣出前，可有固定租金收入，且自行出租不報所得，可能就不會有稅負問題 · 現在房價低迷，再等一陣子，也許房價會有回春機會，能夠再賣一個好價錢（但是，房子越放的殘值越低，不見得一定賣得比現在高價） · 等久一些，也許會有都更機會（這需要靠運氣）	
出售	沒有後續房子維修等成本及時間、精力等成本	
提早贈與	可能可節遺產稅	

製表人：李雪雯

缺點	缺點是否可解決
房屋折損會越嚴重	無解
因為老家過於老舊及漏水，在出租前，必須經過一翻整修（有整修成本），等於有一段時間，租金收益等於零	無解！當維修費用越貴，租金為 0 的期間也就越長
租金收入可能會有稅負問題	租金不報所得收入，也許持有人沒有稅負問題。但是據說，國稅局有越來越多管道，可以查到出租情形。不過，如果參加政府所舉辦的公益出租人或社會宅包租代管，可享有一定免稅額優惠及稅負減免**註1**
自行出租，所有大小事情，都要有人去高雄處理，耗時廢日、浪費時間與精力	找合法有品牌的代管業者，不但不容易遇事「擺爛」，且因為有專門法務人員，可以完全負責處理相關租屋上的法律問題
碰到惡房客，還可能會有衍生的法律問題，例如租客破壞屋內設備、在屋內從事違法行為、噪音吵到鄰居而挨告，或是不繳租金又不搬遷等問題，都需要有人專門去解決	
目前市場行情不好，就算能賣到不錯價格，但也許晚賣一些，能有更好的價錢	日後的事，誰都說不準！且房子越放殘值越低，不見得一定賣得比現在高價
因為漏水問題，為了讓「賣相」好看，勢必要進行整修（增加維修成本）	儘管可以賣高一點價錢，扣掉維修成本，是否會跟「不維修」價格相同
可能會課贈與稅	・遺產稅基本免稅額是 1,333 萬（以2023 年為例，且還不包括各項扣除額），所以理論上是不會超過，特別是房價是按公告地價計算，金額遠低於市價 ・贈與稅目前每年每人 244 萬（2023 年為例），且公告地價低於市價，應該也不致於課到贈與稅（但依法仍要申報）

註 1：遺產稅免稅額（https://www.etax.nat.gov.tw/etwmain/tax-info/understanding/tax-saving-manual/national/estate-and-gift-tax/QbA7Lqp）

「出售（賣房養老）」的決策、選項

　　儘管當原持有不動產「並不適合退休養老」時，屋主的考量，就只剩下「賣房養老」或「留房養老」兩大選項。但是，有沒有（單筆或定期）資金需求？或是屋主身體是否健康？能不能單獨處理出租及後續面對房客的問題？以及個人是否有節稅需求？則會影響到是否採取換居、以大換小、先賣後租、自行出租或透過（社會住宅）包租代管等服務。

　　所以在退休族處理不動產上，「健康因素」，就是首先必須考慮的「條件限制」。其次，當事人是否有法律上的專業？然後，有沒有租稅上面的考量？又或是有否資金上的急迫需求？如果有，可以的選項就會受限。

　　假設退休族身體健康，則不論是賣屋、以房養老或留房養老都可以，選項是非常多元化的。但如果當事人不健康，代表退休族不可能居住在當地、自己出租也不可能，由子女幫忙出租或進行留房養老，就相對有其必要性。所以這個時候，就是直接做「留房養老信託」，由銀行找合作的包租代管業者，幫忙處理所有簽約、管理等事項。

　　不論當事人選擇哪一種方案，每一種都有其機會成本。例如房屋出售，就沒有後面出租，以及以房養老等收入；但相對的，出售就有它該有的費用成本。「出售」除了要考慮的機會成本，還不只是未來的定期收入而已，也包括「賣出後，這筆錢要如何處理」？舉例來說，出售房屋後，可以拿來支付退休後的安養費用。只是，這又會衍生出另一個問題：這筆錢可以用幾年？且不管有沒有賣房子，這筆安養費

用是一定要支出的。

所以，在這幾個選項中，從大原則、大方向來說，非有必要，出售絕對是最後一個選項。雖然出售之後，只需要繳一次增值稅，但之後，這棟房子將來增值的利益就沒有了。特別是房東選擇賣出的時間點，會影響出售的價格。且房子賣了之後，沒辦法再用房子，去做資金最有效的運用。所以，除非有大筆資金的緊急需求，就不要選擇「出售」一途。

提早出售或由子女繼承後再賣出，何者較省稅？

出售有兩種形式，一種是以退休族的名義出售，另一種則是以子女「繼承此一房產」後出售。兩者的差別，主要在「稅」，也就是「遺產稅」、「增值稅」或「贈與稅」上頭。當事人要分別評估者兩者中，哪一種繳的稅比較少？

有關遺產稅部分，最基本的免稅額是 1,333 萬（2023 年適用），當然，繼承人的多少等，還會再多出一些免稅額。但金融研訓院菁英講座徐紹彬認為，如果想透過「子女繼承後再出售」，還必須有一個大前提：繼承的子女間必須有共識。因為，採用「繼承」的方式，就怕「人多嘴雜」。

另外就是怕「遺產多」。也就是說，假設退休族除了不動產外，還有其他資產，像是股票、債券、基金等，加起來總遺產若超過所有遺產稅免稅額，就會被課到稅。至於在「增值稅」方面，如果出售時，適用「自用住宅」，且符合「一生一次、一戶一屋」的規定，稅率就

只有 10%。

此外，不動產賣出，還要負擔仲介費用。所以當子女不多，且除房地產外的資產非常多時，選擇「出售」一途的費用，會較繼承的費用來得多，相關考量重點，請見（表 2-3-3、表 2-3-4、2-3-5、表 2-3-6）。

表 2-3-3 先出售，或由子女繼承後賣出─效果比一比

選項	關鍵考量點	稅負及費用
屋主自行出售	·房價行情高低 ·相關稅賦	·土地增值稅 ·仲介費 ·可能會有房地合一稅。當然，此部分要看取得年期。一般持有非常多年的不動產，不會有房地合一稅（土地與建物所得，全都要課稅），但會有建物出售的所得稅
子女繼承後出售	繼承人是否「人多嘴雜」	·除了不動產外，其他遺產金額不少，會影響遺產稅的高低 ·繼承後再出售，則會出現仲介費，增值稅幾乎都沒有，但可能有房地合一稅（因取得成本是以「房屋現值」計算）

製表人：李雪雯
資料提供：徐紹彬

表 2-3-4 不動產移轉方式、課稅

規劃方式		課稅
生前移轉	贈與	贈與稅＋土增稅、契稅
	買賣	土增稅、契稅
身後繼承		遺產稅
信託	生前贈與（他益信託）	贈與稅（前）＋土增稅、契稅（後，遞延繳）
	身後繼承（遺囑信託）	遺產稅

資料來源：邱奕德

表 2-3-5 遺產稅免稅額、扣除額 [註1]

項目		2022.01.01 之後身故者
	免稅額	1,333 萬
扣除額	配偶扣除額	493 萬
	直系卑親屬扣除額（未成年者，距成年數每年可 +50 萬）	50 萬
	父母扣除額	123 萬
	身心障礙扣除額	618 萬
	受被繼承人扶養的兄弟姐妹、祖父母扣除額	50 萬
	喪葬費扣除額	123 萬

資料來源：邱奕德

註 1：以上 2024 年適用遺產稅各項扣除額，將有所變動（增加）。

表 2-3-6 贈與稅免稅額課稅級距、稅率

免稅額	免稅額 244 萬	
課稅級距及稅率	2,500 萬↓	10%
	2,500 ～ 5,000 萬	15%
	5,000 萬↑	20%
舉例：7,000 萬	2,500 萬↓：250 萬	
	2,500 ～ 5,000 萬：375 萬	
	5,000 ～ 7,000 萬：400 萬	
	總計需繳 1,025 萬贈與稅	

製表人：李雪雯

　　一般與房屋有關的稅，通常會分為「持有」與「交易」兩部分。持有期間有「房屋稅」及「地價稅」；交易的時候，可能會有「增值稅」，假設是「被迫性交易」，則會有「遺產稅」或「贈與稅」。

至於所得稅部分，就得考量是「舊制」，還是「新制」？以上都需要綜合考量。很少有人能夠將所有該考慮的事項，一次性地提出建議。所以，必須依不同個案進行考量（以上相關稅負金額，一般不動產業者都可以協助試算）。

子女「公同共有」繼承房產，擔心有爭議？

若父母擔心下一代繼承不動產，不動產持有是屬於「公同共有」，導致不動產進行分割時，會產生無盡的紛爭，徐紹彬就建議一般大眾（非高資產族群）可以採行以下三種方式：

1.直接在遺囑中進行分配。例如房子（不動產在遺囑中進行分配，其價值計算是「土地按公告現值，房屋按評定價格」）由誰繼承？其餘財產由誰繼承？但是，採取此法時，遺囑執行人的挑選，就顯得非常重要。因為遺囑執行人的工作，就是在繳完遺產稅後，將被繼承人的財產，依照遺囑的指示而進行分配。

2.透過遺囑信託的方式。遺囑執行人在繳完遺產稅之後，就將被繼承人指定的財產「交付信託」，再由信託管理及處分不動產後的收益，均分給信託受益人。其目的，就是不要讓子女分割及處分不動產。至於信託的期間，可以設定一定期間，或是「受益人合議終止」。

3.生前即成立「純自益」型信託，且不動產所有權在被繼承人（例如擁有房產的父母）手上，若有出租收益，則可做為退休養老之用。待繼承人身故之後，不動產可以繼續保留在信託帳戶中，也可以依照遺囑進行分割或處分。

事實上，就以「賣房養老」為例，也還有「以大換小（也就是把沒有「無障礙設施」的房子，換成有「無障礙設施」的房子），以及「出售＋租入」兩種選項。但不論是以上兩種的哪一項，有此需要的退休族，可以先請仲介或代管業者，幫忙找到租的房子，然後再把原房子出租或賣掉，以免會「沒有地方可以住」。

「出租（留房養老）」的決策、選項

對於擁有不動產的退休族來說，假設屋內設施並不適合養老，多半會選擇「把自己的房子出租」。至於出租之後的租金收入，一是可以做為退休後的生活費用，當然也可以用來支付新租不動產（具有無障礙設施空間，例如電梯）的房租。

事實上，有關於「出租」選項，除了國人過去常見的「自行出租（或委託他人包租代管）」外，假設房東想要省一點稅，或是想有額外的優惠，還可以參考「社會住宅包租代管」及「高齡者換居（包括政府版及全聯會版）」這兩種方案，甚至房東將房子出租，還可享有節稅及優惠。

過往，許多人不願意透過包租代管業者出租，最主要是擔心收入曝光，會被國稅局查稅及繳稅。此外，根據 2014.06.04 新修正的《房屋稅條例第 5 條（自住房屋與非自住房屋採稅率分離，此即俗稱「囤房稅」）的相關規定，如果個別房屋所有權人，在各縣市歸戶計算戶數，超過該縣市政府自治規定戶數時，就必須適用該縣市特別稅率（附註：過往，如果屋主所擁有房產，分散在各縣市，且持有戶數不超過

規定，就不用被課「囤房稅」。但是，行政院在 2023 年 9 月 21 日正式通過《房屋稅條例》修正草案（囤房稅 2.0），未來，非自住房屋採行全國總歸戶，稅率從原本的 1.5%～3.6%，提高到 2%～4.8%）。然而，如果多屋族加入社會住宅包租代管，或是成為公益出租人，既不會有囤房稅問題，屋主也可以享有一定的稅賦優惠及減免。

不過，房東如果想要獲得相關補助及優惠，必須透過這些受政府委託的業者才能申請[1]。甚至，就以本文開頭的【案例一】張小姐為例，假設家人都在北部，但房子在南部，可以先找在南部及台北，有提供包租代管服務的業者，在台北直接洽談服務事項細節，再由台北轉介過去南部，就可以省下許多親自來回奔波的時間及交通成本。但是，由於目前依法（《租賃住宅市場發展及管理條例》），租賃住宅服務業者不能「次委託」，所以，能提供以上兩地服務的，必須是「同一家公司」才行。

當然，屋主就算自行找包租代管業者，也是可以申請政府的「公益出租人」或「社會住宅包租代管」的相關補助（請見表 2-3-7）；甚至，也可以跟業者列出承租條件：所找房客，就是要符合「租金補貼」的對象。

表 2-3-7 自行出租、社會住宅包租代管及 高齡者換居—優、缺點

	自行出租（或委託他人包租代管）	社會住宅包租代管	高齡者換居（包括縣市版及公會版）
優點	可能可省個人綜所稅	· 有專人代管，省去自行處理所花的時間及精力 · 有一定節稅優惠及相關補助	當事人可以選擇居住在任何可租的地點
缺點	· 必須有能力及時間自行管理 · 空租無收入 · 相關修繕費用可能無法全額扣除（因為誠實報稅時，在申報租金收入所得稅中，原可扣除必要耗損支出43% 費用） · 委託業者提供代管服務的部分，房東須支付代管費用	加入社會住宅包租代管期間內，若要出售房屋，無法適用自用住宅稅率	—

製表人：李雪雯
資料提供：內政部營建署、徐紹彬、房仲業者

　　這樣做其實有兩大好處：一是「符合租金補貼的房客，有經過政府的資格審核（每年 8 月進行線上審核。當然，業者也會初步了解申請者，支付租金的來源及狀況，所以在一定程度上，也可減少中途繳不出房租的困擾）」；其二是「屋主有相關稅賦減免等補貼」，可以達到「稅賦極小化」的目標。

何謂「公益出租人」？可以享有什麼優惠？

簡單來說，參與此方案的屋主（房東），除了可以自行找業者，提供包租代管服務外，特別是在《住宅法》2021 年 6 月 9 日修正公佈之後，房東只要符合《住宅法》第 15 條規定的公益出租人身分，就可以享有多項稅負的減免，以及費用補助。而且只要符合以下 3 個條件，便可申請成爲公益出租人：

1. 房東（房屋所有權人）**與租約上的出租人必須是同一人。**假設房子是在先生名下，但租金卻是太太在收，與房客簽訂租約時，出租人是用太太的名義，這樣就不符合資格。

2. 將房子出租給「符合租金補貼申請資格」的房客。租金補貼包含政府辦理的各種租金補貼方案。例如目前 300 億元中央擴大租金補貼專案、各直轄市、縣（市）政府辦理的低收入戶，以及中低收入戶租金補貼、身心障礙者租金補貼等。

3. 經直轄市、縣（市）主管機關認定者。認定方式採「政府直接認定」及「屋主自行申請認定」等兩種方式。政府直接認定是指：房客向政府申請租金補貼時，會一併提交房東名字等資訊，由政府直接認定。另外一種則是房東自行向直轄市、縣（市）政府，申請成爲公益出租人，經認定符合資格後，就會核發一張「公益出租人認定函」給屋主。

最後，是有關公益出租人可享有的稅負減免及優惠。基本上，屋主只要成爲「公益出租人」，就可以減免以下的稅負，以及享有一定

安心信託〔實例篇〕

的補助優惠：

1. 個人（租金）所得稅減免。每屋每月租金收入免稅額最高 1.5 萬，且租金收入超過 1.5 萬部分，還可再減除 43% 的房屋必要耗損支出費用。也就是說，就是每月租金收入 1.5 萬以內者，可免繳租金所得稅；如果租金大於 1.5 萬者，可以再提列房屋必要耗損所支出的費用，最高可減免 43%。舉例來說，如果房東的月租金收入為 3 萬，有提報足額耗損支出費用，個人所得稅級距為 20%，那麼他的租金所得稅每年需要繳的金額為：〔（30,000－15,000 元）×（1-43%）〕×12 個月 × 所得稅級距 20%=20,520 元。

2. 房屋稅：適用自用住宅優惠稅率 1.2%。成為公益出租人後，房屋稅可適用自用住宅優惠稅率 1.2%，與原本非自用住宅稅 1.5%～3.6% 相比，最多可減少一半以上稅金。特別是如果出租的是新成屋，由於新房子現值高，優惠更加明顯。

3. 地價稅：適用自用住宅用地稅率 0.2%。地價稅優惠可適用自用住宅用地稅率 0.2%，與原本出租時稅率 1% 相比，只須繳納 1／5 的稅金。假設原本地價稅稅金為 5,000 元，優惠後立刻就降為 1,000 元。值得一提的是，如果房東的認定方式是採「政府直接認定」，並不會核發「公益出租人認定函」，民眾可直接上內政部營建署的「公益出租人查詢網」，查詢自己是否符合公益出租人身分。

這是因為「公益出租人」是鼓勵住宅所有權人將房子，出租給符合租金補貼資格者，但是出租後，房客不一定會申請「租金補貼」。所以，只有當房客提出申請，並符合資格後，房東才能享有三大稅賦

優惠（請見表 2-3-8）。如果房東想要擔任公益出租人，有以下兩種方式 [2]：

1. 房客申請「租金補貼」且合格後，直轄市、縣（市）政府直接認定房東為公益出租人資格，就將相關名冊資料傳送給稅捐單位。

2. 房東拿著房客的資料，洽直轄市、縣（市）政府之公益出租人認定窗口提出申請 [3]。

表 2-3-8 「公益出租人」的稅賦優惠

享有優惠	優惠內容	房客身分
房屋稅	同自住住家用稅率 1.2%	符合租金補貼申請資格者，不論是否有接受租金補貼，均可享有此優惠
綜合所得稅	每屋每月租金收入最高可享 15,000 元的免稅優惠（2021 年 6 月 9 日《住宅法》修正前為最高 1 萬）	符合租金補貼申請資格者，須為獲租金補貼者
地價稅	依據各直轄市、縣（市）訂定之地價稅優惠自治條例，按《住宅法》第 16 條適用自用住宅用地稅率 0.2%	符合租金補貼申請資格者，不論是否有接受租金補貼，均可享有此優惠

製表人：李雪雯
資料提供：內政部營建署

「一般」與「社會住宅」包租、代管業務的差別

　　說到包租代管這種服務，之前就已存在於市場，只是沒有此一「行業別」名稱，且全都由個人經營。後來，在簡稱為「租賃專法」的《租賃住宅市場發展及管理條例》立法通過後，才將此一行業重新正名。但儘管如此，合法經的營業者都必須經過特許成立的公司、加入租賃住宅服務商業同業公會，並且聘請持有專門證照的專門人員，才能提供此一服務（請見表 2-3-9）。所以，沒有加入以上公司的個人，是不得對外提供相關服務的。之後，若業者想參與政府所舉辦的社會住宅包租代管業務，還必須參與政府相關單位的「投標」。之後，才能接受各縣市政府的委託，代表有需要的房東，向政府申請相關的補助及優惠（請見表 2-3-10）。

表 2-3-9 租服業 VS. 房仲業[註1]

	租服業	房仲業
成立法源	租賃住宅市場發展及管理條例	不動產經紀業管理條例
經營業務	包租（合法二房東）、代管（只是代為管理房子及房客，也就是處理房屋內設備維修，或是房客欠租等相關事宜）	代售、代租（找尋房客）

資料提供：台北市租賃住宅服務商業同業公會陳柏勳

註1：部分業者，同時擁有租服業及房仲業牌照，才可以同時提供「代租代售」及「包租代管」的服務。

表 2-3-10 不同身份的房東—租稅減免 VS. 優惠

項目	房屋稅	地價稅	租金所得稅
一般出租	房屋稅率：2.4% 或 3.6%	地價稅率：1%～5.5%	必要費用扣除率：43%
公益出租人（同意房客申請租金補貼）	自用住宅優惠稅率：1.2%	自用住宅優惠稅率：0.2%	·要費用扣除率：43% ·免稅額：每月 1.5 萬
社宅包租代管	自用住宅優惠稅率：1.2%	自用住宅優惠稅率：0.2%	·必要費用扣除率：60% ·免稅額：每月 1.5 萬

資料提供：房仲業者

在理想的狀態下，包租業者由於要負擔「空屋」期間的成本，所以，它願意支付的租金，可能是市價的 8 折。假設目前可以出租 2 萬，房東透過包租模式，將風險轉嫁給業者，就只能拿到 1.6 萬。但如果是委託代管業者管理，房東只要負擔 10%～15% 的管理費用（請見表 2-3-11、表 2-3-12）。

表 2-3-11 一般（非社會住宅）包租 VS.代管業務

	包租	代管
定義	業者跟房東簽訂租賃契約，由業者承租屋主房屋，再當起二房東轉租給房客，並管理該房屋。房客入住後問題，全由業者負責處理	房東委託業者代為管理房屋，由房客、房東、業者共同簽訂租賃契約，由業者負責管理住宅出租後事宜，故房屋尚未出租時的空屋期，租金損失由房東自行承擔
形式	業者以低於市場租金8折（或以上），與房東簽訂包租約5～10年，並轉租給房客	房東與房客經業者媒合，承租雙方簽訂租約（至少1年）
代管費	無	租金的10%～15%
媒合費（仲介費）	無	有
房東所收租金	按月向業者收取低於市場租金8折（或以上）的房租	業者從租金中扣除房客租金10%～15%的代管費後，按月轉交房東

資料來源：徐紹彬、中華民國租賃住宅服務商業同業公會全國聯合會理事長鄭俊杰、房仲業者

表 2-3-12 一般 VS.社會住宅包租代管

	一般包租代管	社會住宅包租代管
合約期間	長，可達 10 年或以上	短，包租最長 3 年
與房東簽立合約	有	有
契約是否需要公證	房東、房客自行決定	需要
所得稅減免	·每月6,000元以下：全免 ·每月6,001元～2萬：減免 53% ·每月2萬以上：減免 43%	每月 1.5 萬，超過的減免60%
其他補貼	無	·修繕：一年最高 1 萬 ·公證費（代管）：最高4,500 元 ·保險費（包租）：最高3,500 元
開立發票	有	有
管理費（由租服業者收取）	每月租金 10% ～ 15%	房東不用負擔，由政府專案補助
仲介費（由房仲業者一次性收取）	·向房東收 1 個月租金服務費 ·向房客收半個月租金服務費	房東不用負擔，由政府專案補助
房屋合法性	不限制	必須是合法住宅

資料提供：「台北市租賃住宅服務商業同業公會」陳柏勳、房仲業者

事實上，不論是「公益出租人」或「社會住宅包租代管」，都是政府推出的政策（其與自行出租的比較，請見下表 2-3-14），而兩者對於房東來說的差別在於：「社會住宅包租代管」首先多了「修繕費」、

「公證費」，以及租賃期間免費的代管服務等補助項目，也提供有空屋的房東「媒合服務」，也就是包租、代管；其次，兩者的申請管道及程序有所不同（請見圖 2-3-2、表 2-3-13）。

圖 2-3-2 公益出租人 VS. 社會住宅包租代管─
　　　房東可以怎麼做？

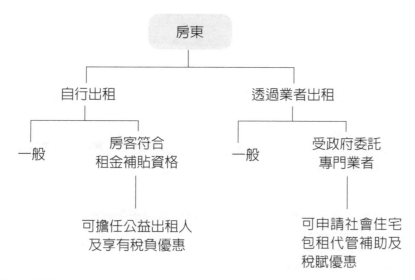

繪圖：李雪雯

表 2-3-13 社會住宅包租代管 VS. 自行出租

	社會住宅	
	包租	
業者角色	二房東	
空屋期	無	
簽約、點交	由租賃業者負責	
租金收入	市價 8 折	
房客遲（沒）繳房租	因為是包租，房東每月都可以收到房租	
補助	修繕費每屋每年補助 1 萬、居家安全險每屋每年補助 3,500 元	
房東、房客租金收入及支付舉例註1	房客支付房東租金 1 萬，如果是低收入戶或中低收入戶的經濟弱勢者，最低只須付 5,000 元，另外由政府補助房客的 3,000 元，再一併繳納 8,000 元給房東	
稅賦優惠	合約執行期，每月租金收入免稅額度最高 1.5 萬，必要	
其他優惠	視各租賃業者而定	
費用	不論是否符合社會宅包租代管方案，房東、房客都不用支付任何費用，包括簽訂租約的媒合費，以及租賃期間管理的服務費用，房東及房客均不用支付費用	
修繕	補助房東修繕費用 1 萬，由租賃業者居間協助處理	

製表人：李雪雯
資料來源：內政部營建署、房仲業者
說明：一般房東也可以透過包租代管業者，將自有住宅進行出租及管理，但只要沒

註1：以每月租金 1 萬為例。

	一般
代管	自行出租
房東代理人	--
有	有
房東自行負責	
市價 9 折	市價
代管業者可以代為催繳	房東自行處理
公證費每件最高補助 4,500 元、修繕費每屋每年補助 1 萬	無
一般戶房客支付房東租金 1 萬，如果是低收入戶或中低收入戶的經濟弱勢者，最低只須付 5,000 元；另外由政府補助房客的 4,000 元，再一併繳納 9,000 元給房東	--
費用的減除率為 60%	無
	無
同左	・媒合費（單次收取）：房東付 1 個月租金、房客付半個月租金 ・代管費：至少是租金的 10%
同左	房東自行處理

有符合房東及出租房客的條件，就無法獲得政府的相關補助及費用減免

政府之所以推出「社會住宅包租代管」政策的目的，是希望透過民間的空餘屋，讓無房者有房可住，並且特別針對房東「管不了」、「管不到（不住當地）」或「管不好」問題進行解決。

簡單來說，參與政府主辦的社會住宅包租代管的房東，可享有333的優惠及補助[4]：3年有減稅（每月租金收入免稅額度最高 15,000 元，必要費用的減除率為 60%）、3 費有補助（公證費每件補助 3,000 元、修繕費每屋每年補助 1 萬、居家安全險每屋每年補助 3500 元）、3 年有服務（提供房東、房客 3 年專業租屋管理服務，這 3 年內都免服務費。

也就是說，一般如果是自行委託仲介包租代管，屋主必須需繳 1 個月租金（代租），以及每月 10% ～ 15% 的租金（代管）給房仲（請見上表 2-3-13）。但如果是加入社會住宅包租代管方案，在合約（例如包租是 3 年，原因是社會住宅包租代管業者，必須先向政府投標，在確定承接政府社會住宅包租代管業務之後，才能提供相關服務。但如果是一般包租代管業務，合約就沒有「只限 3 年」的限制）期間內，這項費用是由政府補助業者，房東不需額外支付，算是對房東極大的利多。

至於包租代管業者所提供的管理服務則包括：屋況與設備點交、收租及押金管理、關懷訪視：如有緊急危難情形，業者會協助通報社政單位評估並協助、修繕維護，及糾紛協調處理。對此有興趣的民眾，可以上內政部營建署的「社會住宅專區」，以進一步了解詳細內容[5]。

過往，房東比較偏向「自行出租」，主要的考量就是「繳稅」，也就是有實際租金收入的房東，如果與租客約定不得申請租金補貼，國稅局也許無從得知房東有這筆所得，而不用在每年報稅時，將租金所得列入個人綜合所得中課稅。其次，則是「不希望額外多出一筆每月委託管理費用」的考量。儘管委託專門包租代管業者，房東還要支付額外的代管費用，但是專家不免建議房東：「沒人能管」的房子，還真的是委託給包租代管業者協助處理租賃事務的好。因為真有問題時，就不只是「坐一趟高鐵的費用」而已。

根據專家的說法，「自行出租」房東最麻煩的，更是法律方面的訴訟問題，像是房客不繳租金，並要脅房東、房客違規使用（例如在屋裡種大麻等不法行為）、毀損家具、吵到鄰居等，房東還要不時得跑警局、法院，配合進行相關說明。也就是說，如果碰到好房客，出租這件事情便可以很單純，每月就只是單純收租金，什麼麻煩事情都不會發生；但若遇到不好的房客，尤其像現在有很多詐騙集團專門利用這些方式來要脅、情緒勒索等，那麼通常就是在真正租約簽訂之後，「惡夢」方才會正式展開。

而如果找專業的包租代管業者，以上這些麻煩事則全都是由業者來負責，可以省掉屋主許多麻煩。而這，才是政府為什麼要制定《租賃專法》的重要原因。因為一般民眾，根本沒辦法面對這些問題：租客怕遇到惡房東；房東也怕遇到惡房客。如此，才需要一位專業的租賃住宅管理人員，協助雙方進行溝通及解決。

正因為房屋出租的問題可能不少，個人還真要奉勸房東：千萬不要因為單純的「費率比較低」而進行選擇。雖然從事包租代管業務的

從業人員，一定要擁有專業證照，但最好還是以公司品牌及服務口碑為重。

舊宅不適合養老？不妨試試「換居」方案

不適合住在原持有房屋的屋主，除了可以把自己的房子「出租」之外，還得找一個「適合居住」的地方。這裡的選擇當然可以是選擇住在兒女家中，也可以是目前越來越流行的老人公寓（也就是所謂的「養生村」）。但除此之外，還有一個「換居」的選項。

目前，與「換居」有關的方案共有「政府版」與「租服公會版」兩種。前者是屬於內政部營建署所推出的「社會住宅包租代管業務」中的「換居」方案（當事人保有原本房子的所有權，只是將其租出去，自己再去租一間房），房東可享有一定的補助（但出租及租入，都需要透過同一個業者）。

此外，全國聯合會與部分銀行（兆豐、合庫）及信託公會約在兩年前，便共同推出一個專案，希望讓年紀大、手中有一戶以上房產的信託委託人，因為房子沒有電梯、不適合退休養老，再加上租屋市場普遍歧視年長者，所以就透過「以樓梯換電梯」的方式，成立一個年長者租屋平台，協助這些人解決他們的租屋問題。

此項計畫，其實是希望讓這些有房的高齡者，都能「全省租（住）透透」。目前在台北市，已有的合作對象是「幸福599」，台南市則是「友善循環宅」，至於花蓮，仍透過公會會員在洽談合作中，相關方案的比較請見（表2-3-14）。但最終目標，是希望在全省各地，都

有合作的友善住宅，供有需要的高齡者入住。

「賣房養老＋信託」的重點

當然，不論是「賣房養老」的售屋款、「以房養老」的每月貸款金額，或是「留房養老」的租金收入，都可以拿來做為信託財產，與受託銀行簽立信託契約。只是，民眾可能會有滿大的疑問：既然我退休後的每月生活費有了著落，何必要再與銀行簽立信託契約，由銀行「按期」支付我生活費，而我，也還要再多支付一筆「依信託資產規模」大小而定的信託管理費？

個人建議，不論屋主最後如何「處置」這棟房產（賣房養老、以房養老或留房養老），最後，一定要記得將這些錢，與安養信託進行結合，才能夠真正達到「資產保全」，以及將錢「專款專用」在自己身上的目的。其重點，有以下三點。

1. 屬於「金錢信託」，而非「不動產信託」。「賣房養老＋信託」是民眾在賣房養老之後，讓手邊多出一筆現金，然後再把這筆錢交付信託。由於民眾是直接拿錢交付信託，因此這樣的業務其實算是金錢信託，而非所謂的不動產信託。

2. 若非馬上動用這筆錢，可選擇成立「預開型信託」。如果這筆現金是做為日後長照的費用，並沒有馬上需要動用這筆錢（不是日常生活費），還可以選擇預開型信託（委託人只需要支付一筆數千元的開辦費，不用額外支付每月的信託管理費），並連結較為穩健的投資標的，讓這筆信託資產能持續且穩定地增長。

@ 表頭：表 2-3-14 退休後若有房屋出租或租屋需求—優惠措施選選

	公益出租人	社會住宅包
推出單位	內政部營建署	內政部營建署、各縣市政府
政策推出源由	政府推出租金補貼政策給租屋者，但為了讓房東願意出租房子，所以推出相關租稅優惠及減免	政府希望透過民間的空餘屋件的無房者有房可住，但同媒合（包租代管）服務
房東條件	出租人＝房屋所有權人	・出租人＝房屋所有權人，，且必須是一戶一門牌的得是違建（自行隔為套房業宅等 ・消防安全必須符合一定規
房客條件	協助一定所得以下，且無自有住宅的家庭。符合資格者，可申請租金補貼	超過 18 歲以上學生、經濟會弱勢族群均可申請
契約簽訂	不限	包租：一次 3 年 代管：一
房東補助	・每屋每月租金收入 1.5 萬以下，免計入個人綜合所得稅 ・房屋稅及地價稅適用自用住宅優惠稅率	・每月租金收入 1.5 萬以下綜合所得中 ・房屋稅及地價稅適用自用 ・修繕、居家安全險及公證
房客補助	每戶每月基礎額度 2,000 ～ 8,000 元，另外針對初入社會青年、新婚及育有未成年子女家庭、經濟或社會弱勢家庭加碼 1.2 ～ 1.8 倍	・學生：租金的 1 ～ 2 折 ・經濟及社會弱勢者：租金
優點	房東享有一定的稅賦優惠	房東享有一定的減稅及補助
缺點	必須房客先符合租金補貼資格，房東才能申請及獲得	必須透過政府委託辦理的包房東才能獲得減稅及補助的

製表人：李雪雯
資料來源：內政部「公益出租人專區」：
https://pip.moi.gov.tw/v3/b/SCRB0405.aspx、內政部「社會住宅包租代管專區」：

註 1：https://pip.moi.gov.tw/Upload/HouSubsidy/Img2/ 圖卡 0611_ 比較表 4_4.jpg

租代管	高齡者換居	
	內政部營建署	中華民國租賃住宅服務業者全國聯合會
，讓有特殊條時提供房屋的	解決有自有住宅，但不適宜居住的高齡者	全國聯合會配合銀行業者及信託公會專案
不得是二房東合法住宅，不或頂加）或工定	擁有自有住宅的 65 歲以上高齡者	無年齡限制
弱勢族群或社	配合社會住宅申請辦法分級取得補助	由包租代管業者依房客狀況來媒合租屋
次 1 年	不限	不限
，免計入個人住宅優惠稅率費用等補助	若符合社會宅包租代管條件，可獲得相關補助	無
的 3 ～ 5 折	每戶每月基礎額度 2,000 ～ 8,000 元，另外針對初入社會年輕人、新婚及育有子女家庭、經濟或社會弱勢家族加碼1.2～1.8 倍註1	無
優惠	房東享有一定的減稅及補助優惠	以租養老信託有保障
租代管業者，優惠	房東居住與所持有不動產，必須在同一縣市	純民間自辦，房東無法享有節稅或補助優惠

https://pip.moi.gov.tw/V3/B/SCRB0504.aspx?mode=P3、鄭俊杰

141

3.為了讓賣屋所得更有保障，可以與賣方約定「匯入賣屋者的自益信託帳戶」。根據信託業者的說法，儘管這樣做比較少見，但客戶可以在賣房契約中（買方願意配合），將「收款帳號」直接寫客戶的自益型信託專戶。

總之，不論是結合一般或是預開型安養信託，賣房子的人一定要記得將賣房之後獲得的現金「與信託結合」這個重點。如此才能保障所收到的賣屋所得，一分一毫都能在未來花用在自己身上！

「以房養老＋信託」的重點

在實際的運作上，假設委託人選擇「以房養老」結合安養信託的方式，進行現金流規劃，銀行會將逆向抵押借貸出來的款項，依照信託契約的約定，按月撥入安養信託帳戶。之後，再由該信託專戶支付每月基本生活開銷。至於扣除日常生活開銷後所剩餘的資金，則可以繼續放在信託專戶中累積，做為未來臨時性醫療或緊急救助金之用。

透過以上信託款項「專款專用」的功能，除了用來支付「以房養老」的貸款人（信託委託人），退休安養生活上所必需的費用外，也能讓養老金的管理簡單且有保障，並確保他們的老年生活無虞。例如「以房養老」之後，每月可拿到5萬。這5萬會先撥入安養信託專戶中，再由專戶每月支付3萬元，給受益人支付日常生活開銷，其餘2萬可以繼續擺在帳戶中，以備未來臨時醫療照顧之需。

所以簡單來說，「以房養老＋信託」就是一個不折不扣的「金錢（安養）信託」。但有時候，為了避免「以房養老」當事人在這段期間，

房產遭人詐騙，有些受託銀行還會同時將「以房養老」的標的不動產進行抵押設定，也就是成立「不動產保全信託」。

「留房養老＋信託」的重點

1. 物業管理公司或包租代管業者，與受託銀行間的關係如何？ 過去，銀行在承做安養信託業務時，由於受限於不動產專業人力不足，多半只會接受金錢、有價證券或保險金等爲信託資產，對於委託人名下的閒置不動產，大多會婉拒提供服務。

而其主要原因多半是：管理不易、作業繁瑣、擔心遇到惡房客衍生訟爭等風險。然而自內政部在 2017.12.27 公佈《租賃住宅市場發展及管理條例（簡稱「租賃專法」）》之後，以上銀行所擔心的問題，都可以交由專業的包租代管業者協助解決，這也才讓「留房養老信託」業務出現轉機。

至於目前承做「留房養老＋信託」業務的受託銀行，做法都不盡相同。有的是只提供業者名單，並由委託人自行與業者簽約。同時，租金也是先匯到出租人（委託人）的其他銀行帳戶，再將錢轉入到信託專戶中。

但是，有的受託銀行則更進一步，是直接將租金匯入到委託人的信託專戶中。當然，由於租金直接匯入到信託專戶，委託人就有可能有「綜所稅」的課稅，且可扣除成本會降低，以及無法適用自用住宅稅率等問題。

2.除租金交付信託，連不動產也要交付，才能提供最完善保障。
例如最先推出名為「留房養老信託業務」的兆豐銀行曾表示，「留房
養老安養信託」是透過信託機制，由高齡者將房屋產權及租金交付信
託，才能避免房屋產權與資金遭不當管理處分。

假設只是單純將出租後的租金收入信託，由於委託人所持有的不
動產產權，依然是由委託人所持有，日後仍有遭遇詐騙而損失的風險。
因為在過去，也曾有些民眾選擇自行委託包租代管業者處理。但是，
由於晚年可能面臨失智、失能等疾病，導致房產或資金被詐騙或侵占，
甚至因子女爭產，最後失去房屋所有權。這個時候，透過「留房養老」
並將房產交付信託運作，即可避免上述情形發生。至於各式不動產信
託費用的收取，請見（表 2-3-15）。

表 2-3-15 各種「不動產」信託費用

	簽約費	信託管理費	修約費
不動產 保全信託註1	客製化收費		約 1,000 元
以房養老 信託	約 2,000 元	按信託資產約 0.5% 計收，有些還有每月最低金額門檻	約 1,000 元
留房養老 信託註2	約 3,000 元	按信託資產的 0.2%～0.5%	約 1,000 元

製表人：李雪雯

註1：有些銀行是用「管理型不動產信託」等名詞，不一定會用「不動產保全信託」這個名詞。
註2：有些銀行並不會用「留房養老信託」，而是會用「安居養老信託」等名詞。

3.可由子女當委託人、父母為受益人，節省一些稅賦。除此之外，
雖然目前安養信託大多規劃為「自益型」的信託架構，但在留房養老

信託架構下，委託人卻未必一定就是信託利益的受益人，也可以是由子女擔任委託人，以及不動產本金受益人，再指定父母爲信託受益人。等到信託關係消滅之後，受託人（受託銀行）再將不動產，歸還給指定的受益人，也就不會額外增加高額稅賦。

總之，「留房養老信託」可不受「委託人發生繼承事實」而有所影響，同時也可結合《民法》的意定監護制度，持續提供受照護受益人穩定的金流。而其最終目標，無非是希望在全省各地，都有合作的友善住宅，供有需要的高齡者入住」。

1. 目前可提供「社會住宅包租代管」服務的業者，主要有「縣市政府委外」版：https://pip.moi.gov.tw/Upload/File/SocialHousing/ 直轄市、縣（市）政府（縣市版）認定租屋服務事業業者名單（1080108 更新）.pdf），以及「住都中心公會版」，主要是六大直轄市：https://www.hurc.org.tw/hurc/docDetail?uid=274&pid=257&doc_id=1032&rn=1939443774，可供有需要的民眾參考。
2. 流程圖：https://pip.moi.gov.tw/Upload/CustomFile/Doc/1100831- 申請核發公益出租人認定函流程圖 - 第 2 次修正 (定稿).pdf
3. https://pip.moi.gov.tw/Upload/CustomFile/Doc/ 公益出租人各縣市聯絡窗口（刊登網站）1100317- 彙整 .pdf
4. https://www.businessyee.com/article/1-rental-housing-service-business
5. https://pip.moi.gov.tw/V3/B/SCRB0501.aspx?mode=9

「遺囑信託」運作流程示意圖

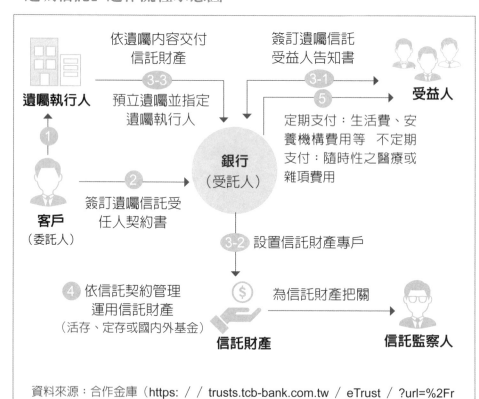

依遺囑內容交付
信託財產

簽訂遺囑信託
受益人告知書

遺囑執行人

預立遺囑並指定
遺囑執行人

受益人

定期支付：生活費、安
養機構費用等　不定期
支付：隨時性之醫療或
雜項費用

客戶
（委託人）

簽訂遺囑信託受
任人契約書

銀行
（受託人）

設置信託財產專戶

依信託契約管理
運用信託財產
（活存、定存或國內外基金）

為信託財產把關

信託財產

信託監察人

資料來源：合作金庫（https: / / trusts.tcb-bank.com.tw / eTrust / ?url=%2Fr esources%2Faplus%2Fproduct%2Fplanning%2Fwill.html&Lv1Name= 信託產品 &Lv2Name= 信託規劃 &Lv3Name= 遺囑信託）

【案例一】王先生在兩年前過世，遺產全由王太太繼承。如今，王太太又罹癌且被診斷為癌末階段，使得兩位才讀國小的子女，馬上就面臨父母雙亡的困境。雖然王太太的妹妹，可以代為照顧小孩的日常生活，但是小孩的照顧及就學，全都需要錢。

實際盤點王太太的財產，主要是一筆供出租的店面（不動產），沒有多少現金，也沒有任何保單及有價證券。王太太本想將不動產變現（賣出），或是直接贈與給小孩，但怕一來耗時而緩不濟急，也怕因為稅負等問題，反而造成子女很大的經濟壓力，更怕小孩無法善加運用此一不動產。

遺囑信託與一般安養信託的差別在於：安養信託是照顧自己，但遺囑信託卻是針對「我沒用完的部分」，我有我的想法。且這個想法，需要透過遺囑去落實。也就是說，我不只要給繼承人一份財產，我還希望連這個財產「要怎麼照顧想要照顧之人的做法」，都按照我想要的方式進行。這時候，我就可以把遺囑跟信託結合起來，詳情可見（表2-4-1）。

表 2-4-1 一般安養信託 VS. 遺囑信託

	安養信託	遺囑信託
性質	雙方行為	委託人的單獨行為（立遺囑）
信託成立	受託人接受財產權的移轉或處分（即要物行為完成）的同時	立遺囑人依民法所定方式，完成設立信託的遺囑行為時
效力發生	同上	立遺囑人死亡時
不屬於的情形	--	· 遺囑人死亡後，繼承人或遺囑執行人依照遺囑，與受託人簽定契約 · 受託人生前與人訂立信託契約，以其死亡為條件或始期，使該信託在其死亡時發生效力

資料來源：王志誠

過去，擁有財產的人，都可以先行立下遺囑，只要財產的分配，不違反各繼承人在《民法》上的特留分規定，都能將財產按照自己的想法進行分配。且更重要的優點在於：立遺囑人生前，仍然得以保有對財產的所有權，可以自由運用。

　　那麼，既然遺囑可以交待一些事，為何還要成立遺囑信託呢？這是因為信託的一個好處就在於：可以依照委託人的想法，進行100%的控管。以免立遺囑人過世後，錢（財產）已經轉給小孩了，立遺囑人已完全沒能力再進行管控。

　　所謂遺囑信託，就是在遺囑裡面載明：我的遺產，要怎麼處理？且在完稅之後，請遺囑執行人把我的財產，放到信託專戶裡。也就是在立遺囑人生前，相關財產都還未信託，一直到他身故之後，這些財產才會交付信託。

　　一般來說，之所以會用到遺囑信託，是因為考慮到該「繼承人」不會管理財產，才需要做遺囑信託。所以，假設繼承人都是成年人，都可以自行管理財產，其實不用考慮做遺囑信託，單純立遺囑就可以了。因為遺囑中，通常不會安排繼承人，如何花這筆錢？之所以要信託，就是當事人「想要安排這筆遺產，要怎麼花」？只要接收遺產的人，具有完全行為能力，當事人立了遺囑，且有經過公證，就具有一定的法律效力，也不必再多做一個遺囑信託。

　　簡單來說，透過遺囑進行遺產分配之後，如果想要達到「專款專用」或「照顧某人」的目的，特別是當財富金額比較大，立遺囑人不希望收到遺產的人，一下子就花光，也還想控管住這筆錢的分配，那就可以透過「遺囑信託」的模式來做規劃。

因為遺囑本身，只能達到「分配」的效果（例如小孩拿到這筆遺產後，他要怎麼去花用或管理這些錢，都是由小孩自行決定），卻沒有能力去控管「拿到遺產的人」要怎麼運用這筆錢？單純遺囑及遺囑信託的比較，請見（表2-4-2）？假設立遺囑的人，還希望達到「控管」的效果，那就得再加上「信託」的機制。

表2-4-2 遺囑 VS. 遺囑信託

	遺囑	遺囑信託
繼承人自行管理財產能力	有	沒有，繼承人不能自行管理財產（無行為能力），或是生活太奢華，有可能一次把財產都敗光
成立後，對於財產的運用權	有	有
法律效力	·自遺囑成立之後 ·遺囑本身必須有效	必須由遺囑執行人，將信託委託人遺產，移轉到信託專戶中

製表人：李雪雯

其流程是：立遺囑人必須在遺囑中註明：當自己「百年」之後，在小孩未滿幾歲之前，他所繼承的哪些財產，必須要交付信託。當然，在立遺囑人身故的時候，小孩已經超過原訂的年齡，那小孩就直接繼承遺產，就不會進入到信託之中讓信託「啟動」（也就是一種「有條件的交付信託」）。由於人不知道什麼時候走，假設走得太早，又擔心小孩不夠成熟、不夠懂事、容易被騙，財產有可能會被亂花用，用這種方式，就可以解決擁有許多資產父母的困擾。

「遺囑信託」的實際規劃、建議

由於王太太已處於癌末階段，但意識還清楚，所以首先，

1. 在考量「稅負與時效性」之下，最快速的方式，恐怕就是成立「遺囑信託」。銀行信託部門人員請王太太的妹妹協助，直接洽尋安排公證人及見證人，到醫院辦理公證遺囑信託。且在遺囑中交待，把不動產（店面）及少部分金錢交付信託，並約定不動產信託後店面的租金收入「只限匯入受託銀行信託專戶」。

如此一來，店面每個月出租產生的穩定收入，就能夠支付兩個小孩的生活照顧及就學費用。儘管兩位小孩，有親人照顧生活，可是這筆穩定的收入，透過信託專戶來撥付，既能夠達到「獨立且透明」的效果，也沒有人可以任意挪用。等小孩長大屆滿一定年齡後，信託契約就結束，再將不動產（店面）等交付給兩位小孩。

2. 之所以採取「身後繼承（遺囑信託）」，而非「生前贈與，並成立信託」的規劃方式，「稅負」自然也是在進行信託規劃時的重要考量之一。特別是因為案主持有此一不動產的時間滿久了，採繼承方式的稅務負擔較小，就能夠多留一些財產來照顧小孩。

這是因為目前遺產稅的免稅額，就有 1333 萬元，還有喪葬費 123 萬元，再加上子女每人各 50 萬元免稅額（附註說明：2024 年適用的各項免稅額金額，將有所調整及增加）。所以，透過繼承的方式，免稅額也比較高；但相較之下，贈與稅免稅額一年才不過 244 萬元（同樣以 2023 年為例）。「所以，透過遺囑信託的方式，節稅效果最大；但如果由案主直接做『不動產他益信託』，要繳的稅負可能會較多」。

安養信託【實例篇】

3.將不動產租金直接匯入信託專戶。然而，就算是租金收入應用也還有兩種形式：其一是交付信託的不動產出租契約，如果是由受託銀行簽署，房客將租金直接匯到信託專戶，其收到的租金則屬銀行的營業收入，必須由銀行開立發票及繳付營業稅。這部分，將影響到受益人的實際所得額；另一種則是租約非由受託銀行簽訂，租金再由遺囑執行人，匯入到另外指定的信託專戶。但如此一來，就會多了一層「遺囑執行人能否如期如實將租金交付信託」的風險（租約簽訂、金流安排及稅務考量，也會是影響是否適合選用「不動產信託」的理由）。

辦理遺囑信託，最快要花多久時間？

根據實際承辦遺囑信託業務的銀行業者表示，假設客戶的遺囑已經寫好並公證了，送到銀行這邊辦理遺囑信託的相關手續，其實所花的時間，差不多只需要一個月。因為，當事人還需要與銀行簽立「受任契約」，而非「信託契約」。等於是銀行，願意接受這份遺囑，當做委託人遺囑信託的受託人。

之所以要花一個月的時間，是因為遺囑信託是屬於量身訂做的客製化契約（如果是制式化契約，像是保險金信託，當下就可以簽約）。所有合約，都需要經由法律事務部人員再看過，並由相關主管簽核才行。以一般銀行的相關規範，這種客製化契約比較保守的估算，整個流程完成約需一個月的時間。

注意事項 VS. 衍生問題

簡單來說，安養信託是照顧自己，那遺囑信託是針對「我沒用完的部分」，我有我的想法，且那這個想法，需要透過遺囑去落實。但是，我不只要給一個財產，這個財產要怎麼照顧想要照顧者，我希望按照我想要的方式。所以，才要把信託結合進來。

因此總的來說，此一案例所規劃的遺囑信託要能成功並順利進行，必須有賴以下五大重點：

1.遺囑首先必須要有效。 根據律師的說法，除了遺囑內容是立遺囑人「真正的」意願以外，且必須符合《民法》第 1189 條以下規定的方式，才會具有一定的法律效力。而遺囑依法定方式作成，在立遺囑人死亡後，遺囑就生效。原則上，遺囑執行人就必須按照遺囑的內容去執行。過去，實務上常見的爭議是：繼承人認為遺囑內容對其不公平，質疑被繼承人在立遺囑時，已經不具足夠的判斷能力，想要推翻遺囑內容。

此時，就有可能產生訴訟，以確定遺囑的真偽。而為了讓以上遺囑有效性的風險降低，「將遺囑公證」是最常見的作法，且「全程錄音錄影，以確認當事人立遺囑時神志清楚」，也是萬一將來發生爭議時，可以作為證明的方式之一。

2.遺囑執行人的角色事關重要。 事實上，就算成立了遺囑信託，之後繼承人或遺囑執行人（其職責為將遺產先列清冊、完納遺產稅及後續將財產交付信託），是否確實遵守該份遺囑的內容，並且將遺囑

中所指定的遺產交付信託，都將會影響信託的啓動與執行。所以，找到一位專業、稱職且負責任的遺囑執行人，就顯得格外重要。

如果遺囑生效後，遺囑執行人不按照原先所簽的遺囑信託，把當事人的財產交付信託。之前曾請教過律師，受託銀行是有權利，去「請求遺囑執行人履行交付信託財產的義務」。但是首先，受託銀行並不知道委託人過世了。其次，遺囑執行人不履行義務，也沒有什麼罰責。還有一種情況是：委託人往生後，財產已經歸零，這份遺囑信託也無法成立了。由於遺囑信託「後來不執行的機率很大」，所以，銀行要去做這樣的業務，也會考量滿多的。正因爲「遺囑的有效」，是未來遺囑信託能夠繼續下去的重要關鍵，這就是爲什麼絕大多數信託業者，在承做遺囑信託時，所有遺囑都必須經過「公證」程序的原因。

接下來再以王太太爲例，找一位可靠的信託監察人來協助處理出租事宜，可以做爲解決「出租並非銀行專業」問題的一道選項。這是因爲銀行通常不負責出租及「物件（不動產）」的管理，只負責管錢。至於物件的管理、招租及修繕等，通常都是要由當事人另外找專人處理。

所以，信託業者才會建議由委託人所指定的信託監察人（親人），協助處理不動產（店面）的出租事宜，再由受託銀行與承租人簽訂不動產租約，並約定將租金收入匯入到信託專戶，每個月再由受託銀行，按期撥付兩個小孩的照顧費用。至於小孩的學雜費、補習費等單據，則先由信託監察人收集之後，再交給受託銀行額外撥付。

3. 多多留意「容易卡關」地方。根據承辦過遺囑信託業務的銀行業者表示，遺囑信託最容易「卡關」的地方，就在於「委託人想法隨

時在變（造成遺囑無法成立，信託內容也無法確認）」及「遺囑公證（例如立遺囑人意識不清，或無行為能力；或是遺囑分配違反《民法》特留分規定）」。

整體來說，遺囑信託規劃最容易「卡關」的地方，一是「客戶可能沒有明確的想法」，所以，內容就會時常改變；其次是「客戶的財產種類很多」。以上面所提到的王太太的案例，之所以能夠快速完成遺囑信託，就是因為她的財產非常單純，只有不動產及少許現金。

第三，就是發生在「遺囑公證」部分，由於許多公證人為了避免日後跑法庭的麻煩，只要遺囑有違反特留分的問題，他們一律都不願對遺囑進行公證。其中，關於「特留分」的重點在於：如果遺囑的繼承人不爭執，被指定的繼承人，就可以獨拿被繼承人的所有財產。所以，重點是在於「繼承人爭不爭執」？我就有聽業者說，中南部的公證人，是不願意接這樣的案子。所以，當有人想要做遺囑信託的時候，信託業者多半會請他，先去找律師，由專業的律師幫當事人擬好遺囑之後，再請當事人將此份遺囑進行公證。

表 2-4-3 遺囑繼承人－應繼分 VS. 特留分

	配偶	直卑	父母	兄妹	祖父母
應繼分	均分	╳	╳	╳	
	1／2	╳	1／2	╳	╳
	1／2	╳	╳	1／2	--
	2／3	╳	╳	╳	1／3
特留分	應繼分╳1／2			應繼分╳1／3	

製表人：李雪雯
資料來源：《民法》第 1144 及 1223 條

表 2-4-4 《民法》中─有關「拋棄繼承」的處理

拋棄者順位	其應繼分歸屬	法條
第二～第四順位	其他同一順位繼承人	《民法》1176 條第 I 項
直系卑親屬	配偶	《民法》1176 條第 II 項
配偶	同為繼承人（直卑）	《民法》1176 條第 III 項
第一順位	次親等直卑	《民法》1176 條第 IV 項
先順位	次順位	《民法》1176 條第 V 項

資料來源：《高齡金融規劃法規及實務解析》第 186 頁

　　正由於王太太的想法非常清楚，就是為了照顧小孩。業者就可以用最急件的方式，快速地協助她找到民間公證人，也請其家屬安排見證人，再一起到醫院去將她的想法及重要信託內容，做成符合民法規定的公證遺囑。

　　所以，當客戶越清楚、了解自己想要優先解決什麼問題，同時避免時常修修改改，才好讓遺囑及信託「快速成案」。例如一位信託業者，就曾舉過一個例子：一位想做遺囑信託的客戶，其已成年的兒子，因為發生車禍而成為植物人。所以，他想要把他自己想要說的話，都寫在遺囑裡面。且希望他的媳婦跟孫子及女兒，可以幫忙他照顧這位終身必須住養護機構的兒子。他希望在遺囑中，寫入包括：財產如果沒有用完，要留給誰？或是兒子先走了，相關的遺產要如何分配……等內容。由於其所牽涉的內容及層面，都非常複雜，客戶常常是「今天想的是這樣，明天可能又推翻了及修改」。最後，那份遺囑就永遠都沒寫好……

　　4. 並非所有類型的資產，都適合成立遺囑信託。遺囑信託可交付財產是很多樣的，如果剩下的財產，沒有安排的，就可以一起擺到遺囑信託裡面，像是不動產、金錢；至於保單，就不會放在裡面，而是直接成立保險金信託。

這是因為假設當事人的資產眾多且多元，就算要透過遺囑並成立信託，許多銀行的規定都是：保險金與不動產、金錢，都得分別成立保險金（台幣及外幣都要分開）、不動產及金錢信託，不能集合在單一信託契約中。理由是：不同信託的資產管理是不同的，信託管理費用也會不一樣。所以對某些銀行來說，不同的財產類別，將是決定「該採取哪一種信託模式」的重要關鍵（請見下表 2-4-5）。

表 2-4-5 父母想替未成年子女辦理信託—不同財產的規劃原則

	規劃原則
不動產	· 時間急迫，以及稅負（節稅）考量下，可以採取「身後繼承（遺囑＋信託）」，較優於「生前贈與，並成立信託」的方式 · 假設時間充足，且不動產公告現值較高，可善用分年贈與的不動產信託，將分年贈與的不動產持分，陸續交付信託。但因「房地合一稅」制度實施，採取此方法時，必須注意相關稅賦的負擔
保險金	不論時間是否急迫，都只適合成立保險金信託，且台、外幣大多須分別成立信託
現金	如果沒有贈與稅方面的考量（例如尚未達到每人每年 244 萬元的贈與額度，2023 年適用），可在當事人生前，就為需要照顧的小孩，成立他益型金錢信託，非不得已，不要讓小孩先繼承大筆現金，且規劃在當事人身故後，再以小孩的名義（委託人），成立自益型金錢信託。因為這會有兩種風險： · 其一是小孩或監護人，日後不見得會將所拿到的錢，去成立信託 · 其二則是自益信託較容易「（被）解約」，恐將有違父母「照顧未成年小孩」的遺願
有價證券	· 由於股票移轉及過戶時間較長，如果時間不會太趕，且認為股價正處於低檔，可以先行採贈與的方式，成立（本金）他益型有價證券信託 · 假設時間急迫，且股票開戶券商或牽涉股務作業較多，認定股價目前處於高檔，則適合採日後繼承的方式，再（依遺囑）成立信託

製表人：李雪雯

5. 未來信託執行部分內容，必須詳細交待清楚，並儘快與受託銀行簽立「受任同意書」。一般遺囑信託的流程是：委託人在其生前，就先製做好遺囑。假使他想做遺囑信託，並想找銀行當信託的受託人，則必須再去跟銀行信託部門洽談。

原則上，委託人應在生前，先與銀行談好遺囑信託的內容與細節，並且簽立「受任同意書」，或類似相關文件。理由在於：遺囑信託是在委託人死亡之後（必須經由遺囑執行人「依囑執行」），才會「成立」及「生效」。

也就是說，委託人必須在生前，就先談好這些內容；而且在委託人身故後，遺囑執行人就能拿著生效的遺囑及「受任同意書」，到銀行成立信託。接著，受託銀行才能按照當初的「受任同意書」裡的約定，進行信託事務執行（補充說明：目前實務上，有些信託業者採契約簽約方式，有些信託業者則是在審閱客戶遺囑內的信託相關囑咐安排後，評估可以同意配合辦理，由受託人單方面出具「受任同意書」給立遺囑人，但仍會請立遺囑人簽署一些相關同意書）。

在「遺囑＋信託」的業務上，「遺產分配」部分比較沒問題，但是有關於「信託的內容」部分，就會出現滿多問題。因為這將牽涉到未來受託銀行，要做哪些事情（例如：錢要給哪些人？各有多少比例？日後，受益人每年可以領多少錢？……），內容絕對不能只寫「把我的財產交付信託」這樣而已。

為此，有承作遺囑信託的銀行，都會提供客戶一份遺囑範本，裡面會要求打算成立遺囑信託的委託人，將所有財產的處理方式交待清楚。所以在這份表格中，會很細節地詢問：信託財產的運用方式（例

如有沒有要投資？多少錢放存款？另外有多少錢，要放在什麼地方？如果是股票，要如何處份？什麼時候才可以賣股票？股票若有增資，是否要認股？因為此一部分，屬於「指定用途」的範圍了。所以，若以不動產為例，一般都要特別指明，不動產是否要出租？還是單純交由受託銀行進行「不動產保全」？）根據經辦人員的經驗，很多委託人到寫這一部分時，就常常出現卡關現象。因為，這部分已經不單純是指定「將財產交付給什麼人」而已，而是要明確指定信託財產未來的用途，必須在成立遺囑信託前，讓委託人講清楚。

據了解，目前由於以上需要溝通的內容非常繁瑣且牽涉細節，遺囑信託通常需要花很長的時間才能定案，或是拖了許久，還定不了案，造成銀行承作的意願普遍不高。所以，真正成案的件數並不會太多。

成立「遺囑信託」的費用？

據了解，一般受託銀行不願意承作遺囑信託，其原因之一就是：遺囑是「以最新（近）立」的那一份為準。所以，就算當事人與銀行，現在簽立了遺囑信託的「受任書」。但是，在當事人未身故之前，銀行根本不知道當事人，會不會再成立另一份遺囑，並且說「不想信託」了？這個時候，原先銀行做的遺囑信託契約，就等於白做了。正因為如此，各銀行在為客戶進行遺囑信託時，都會先收費一筆「規劃費（也就是開辦費，有關遺囑信託的費用），細節請見（表2-4-6），且依內容複雜度而定，不可能等它信託資產進來，受託銀行才開始收費。

表 2-4-6 成立「遺囑信託」的相關費用

項目	費用
遺囑	・製作（討論及撰寫）：簡單的約 1～5 萬元，複雜的可能要 10～20 萬元以上 ・保管（存）：一般每月 1～2 萬元，有些可能高達 5～10 萬元 ・公證：依公證資產的金額大小而定，最少每份 1,000 元 ・遺囑執行人：一般都是選自己的親人，可以無償擔任；若找律師為遺囑執行人，費月大約為每月 1～2 萬元，視工作內容複雜度而定
信託開辦費及信託管理費	・開辦費（規劃費）：至少 3～5 萬元，有些銀行更高，約 8～20 萬元都有，視遺囑信託內容的複雜程度而定 ・信託管理費：依信託資產的 0.25% 或 0.3%～0.5%、0.6%，視遺囑信託內容的複雜程度而定
信託監察人費用	一般都是選自己的親人，可以無償擔任；若找律師為信託監察人，費月大約為每月 1～2 萬元，視工作內容複雜度而定

製表人：李雪雯

資料來源：建業法律事務所資深合夥律師馬傲秋、國泰世華銀行信託部協理陳美娟、陳慶榮

遺囑信託屬於「預開型」信託嗎？

　　根據對於遺囑信託深入研究的律師馬傲秋的解釋，在以契約設立信託的情形，必須將信託財產交給受託人，信託才開始生效；因為信託生效的要件，就是包括將信託財產，交付給受託人。但是關於遺囑信託，是不是「將信託財產，轉到受託人」時，信託關係才算生效。所以，目前在學說和實務上，還沒有統一的見解。有的人認為，就跟

一般信託契約一樣「是」；相反意見的人則認為說，這樣會違反當初遺囑的精神。因為當初委託人的意願，就是要設立信託，只是因為他不可能在生前，就先移轉財產，那如果因為死後財產未移轉給受託人，信託就不成立，反而有違委託人當初的意願。只不過在實務上，財產未移交給受託人，受託人就是無法進行運用及管理。

所以馬傲秋認為遺囑信託連「預開型信託」都不算，因為預開型信託的委託人，已經跟受託人（銀行）簽立信託契約；但遺囑信託在委託人生前，只是與受託銀行簽立受任同意書而已，並非信託契約。

《民法》第 1145 條，有關「繼承權喪失」的規定

有左列各款情事之一者，喪失其繼承權：

1. 故意致被繼承人或應繼承人於死，或雖未致死因而受刑之宣告者。

2. 以詐欺或脅迫使被繼承人，為關於繼承之遺囑，或使其撤回或變更之者。

3. 以詐欺或脅迫妨害被繼承人，為關於繼承之遺囑，或妨害其撤回或變更之者。

4. 偽造、變造、隱匿或湮滅被繼承人關於繼承之遺囑者。

5. 對於被繼承人有重大之虐待或侮辱情事，經被繼承人表示其不得繼承者。

前項第二款至第四款之規定，如經被繼承人宥恕者，其繼承權不喪失。

因為委託人真正立的是遺囑，但遺囑信託成立，要靠他的遺囑開始生效。他之前跟銀行所簽的文件，都不是讓他的遺囑信託成立的要件。

透過買保險，真的可以規避《民法》的「特留分」問題？

事實上，擁有財產的人就算透過遺囑分配財產，都無法 100% 避掉《民法》中，有關各繼承人的特留分問題。所以，時下就有不少保險業務員會建議民眾，用「買保單，並指定受益人（也就是所有財產的人）」的方式，來規避掉特留分的問題。

不過根據馬傲秋律師的說法，這樣做不能說「不行」，但是，如果擁有財產的人，還有其他遺產，買保單這個方案，就不可能 100%避免適用特留分。

其次，就算透過「買保單」方式，讓人壽保險金免計入遺產總額，還是必須注意實質課稅原則。依照財政部函釋，有以下情形時，依實質課稅原則認定，仍有可能會被認為需將保險金需列入遺產範圍課稅：

1. 重病投保。

2. 躉繳投保。

3. 舉債投保。

4. 高齡投保。

5. 短期投保。

6. 鉅額投保。

7. 密集投保。

8. 保險給付低於已繳保險費。

　　此外，**單身族不想讓自己的財產收歸國有，或是想留給特別的人，記得一定要在生前立遺囑，或是成立公益信託**。這是因為假設單身族，已經沒有法定繼承人的存在，那麼，如果當事人不指定，這些財產，就會變成國家的；但如果指定，這筆財產就可以留給指定的繼承人（自然人或公益團體）。當然，以上這些指定，不一定動用到遺囑信託，只要透過簽立遺囑的方式就可以達到。

　　事實上，現在有越來越多的**趨勢**是：單身族沒有小孩，希望遺產只給親戚的某一個小孩（晚輩），或是給其他並沒有血緣關係的人。假設單身族想要留遺產給兄弟姐妹的小孩，也是可以成立遺囑（信託）。

　　這是因為在我國《民法》中，是有規定所謂的「法定繼承人」與「受遺贈人」。如果沒有特別指名，則是依法定繼承人的順位接受遺產；但如果有特別指定遺贈對象，則應將該遺產移轉與受遺贈人。當然，《民法》中對於法定繼承人，都有特留分的規定。只是，當事人可以在法定的特留分之外，把其餘所有財產，全都留給指定的受遺贈人，細節請見（圖 2-4-1）。

　　然而馬傲秋也不忘提醒：假設遺贈給公益團體，若有法定繼承人，且侵害到特留分的問題，還是有就其「侵害」的部分「扣減」回去的可能。也就是其他法定繼承人，可以主張將特留分被侵害的部分「扣減」回去，細節請見（表 2-4-7）。

圖 2-4-1 遺產繼承人順序

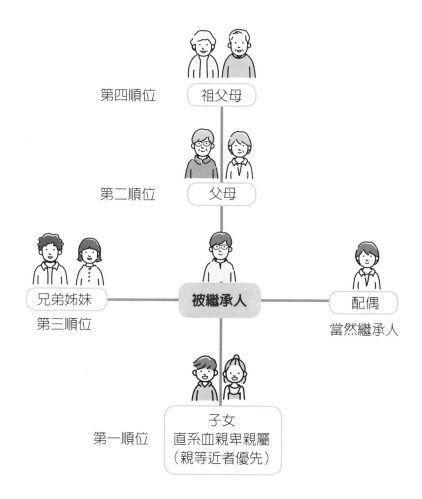

第四順位　祖父母

第二順位　父母

兄弟姊妹　　　　　　　被繼承人　　　　　　　配偶
第三順位　　　　　　　　　　　　　　　　　　當然繼承人

子女
第一順位　直系血親卑親屬
（親等近者優先）

資料來源：《人生理財的失落環節——遺產：為人父母與子女都該超前部署的財務課題》，采實文化出版

表 2-4-7 《民法》中—贈與後之歸扣、扣還、扣減的規定

項目	民法法條	對象	原因
·歸扣 ·充當計算主義 ·特種贈與	1173 條	限繼承人	（送）結婚、分居、營業（當事人說不用還，就不用歸扣）贈與價額按贈與時價值計算
扣還	1172 條	限繼承人	（借）負有債務，一定要扣還（從該繼承人的應繼分內扣還）
扣減 （捐贈、遺贈）	1225 條	不限（例如捐給基金會）	繼承人無法取得特留分所保障的財產數額

製表人：李雪雯

「遺囑信託」的流程

　　委託人找銀行洽談遺囑信託規劃→做好遺囑並請公證人公證→與受託人（銀行）簽立「受任同意書」→委託人身故→遺囑生效→遺囑執行人通知銀行成立信託，並交付信託財產→信託啟動，並執行遺囑

2-5 人選之人，讓資產輕鬆自轉——
意定監護契約＋信託

「意定監護契約」運作流程示意圖

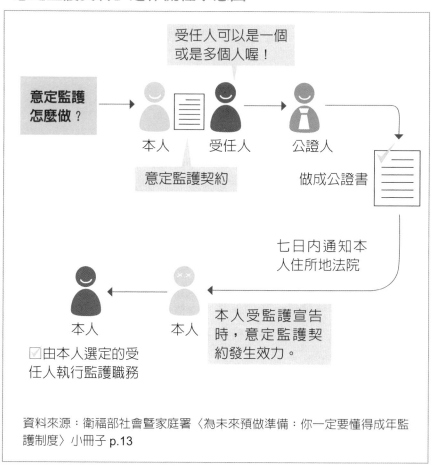

資料來源：衛福部社會暨家庭署〈為未來預做準備：你一定要懂得成年監護制度〉小冊子 p.13

【案例一】老家在南投鄉下的小玉，自大學畢業後，就一直留在台北工作打拼。而她的哥哥及姐妹們，都選擇離家近的台中落地生根。平常除了過年過節，一家人也很少聚在一起。特別是在父母們都離世之後，各自有家庭的手足們，彼此間的互動往來也更少了。

在工作上，小玉既是個工作狂，也是位女強人，再加上沒有緣份，也因此不覺得應該要結婚、找一個長期飯票的必要。儘管自己攢下不少個人財富，但是，隨著年齡越來越大，讓她也開始擔心：如果自己萬一不幸中風失能或失智，誰能夠來照顧她的後半輩子？

小玉有聽朋友說，萬一她喪失行為能力，《民法》中的監護人制度，可以協助她進行「醫療養護」、「生活照顧」及「財產管理」這三方面的工作內容。1

但是小玉進一步了解之後發現，《民法》中對於「法定（成人）監護制度」的規定是：本人因精神障礙，或其他心智缺陷，致不能為意思表示、受意思表示，或不能辨識其意思表示的效果者，由聲請權人向法院聲請選任（第 14、111 條），也就當事人喪失意思能力，而受監護宣告時，是由法院「依職權」選定監護人。

而且法院依職權所選任的監護人，將限於一定範圍內的人選：配偶、四親等血親、最近 1 年有同居事實家屬、主管機關、社福機構或其他適當人選（第 1111 條）。這讓小玉更為擔心，自己的手足平日都很少往來，恐怕對其生活上幫助，還不如她的大學死黨—小櫻。

當然在法律上，對於監護人（或輔助人）的角色定位，主要是在「醫療養護」、「生活照顧」及「財產管理」這 3 種 [1]。不過，在銘傳大學金融科技創新研究中心執行長李智仁來看，監護人的角色及功能，除了「財產管理」、「生活照顧」、「福利申請」及「醫療行為」外，還應該多了「親屬角色」的功能。也就是說，監護人還扮演著監護登記、戶籍變更、關懷訪視、陪同購物、親子活動參與，以及情感支持等。

解決辦法 VS. 專業建議

類似小玉這樣的情形，首先在 2019.05.24 立法院三讀通過的「意定監護」制度，可能比原本的「法定（成人）監護」制度，更適合小玉採用，以保障其萬一不幸失能，或失智時的財產安全及生活安定。

這是因為相較於傳統的法定（成人）監護制度的較無彈性，是依照法律規定，由別人（法官）幫忙選擇監護人；意定監護制度則是允許透過委任契約，讓民眾預先選任自己的監護人，防止自己未來如果有失能、失智而受監護宣告時，無法對監護人的人選表達意願。

當然，以上的「選擇權」的前提必須是：**民眾得在自己意思清楚、能完整表達想法、還有簽約的能力時，提早找好意定監護人、簽立「意定監護契約」，並且經由法院公證才行**（表 2-5-1）。

表 2-5-1 成年（法定）監護制度 VS. 意定監護制度

比較項目	法定監護制度	
成立時點	當事人無行為能力後	
內涵	成年、未成年監護	
立法時程	2008 年政府修正，《民法》有關監護與輔助宣告制度	
監護人的選任（產生）	本人因精神障礙，或其他心智缺陷，致不能為意思表示、受意思表示，或不能辨識其意思表示的效果者，由聲請權人向法院聲請選任（第 14、111 條），也就是當事人喪失意思能力，而受監護宣告時，由法院「依職權」選定監護人	
監護人資格（人選）	限於一定範圍內的人選：配偶、四親等血親、最近 1 年有同居事實家屬、主管機關、社福機構或其他適當人選（第 1111 條）	
監護人執行職務範圍	依法院職權指定（第 1112 條之 1）	
監護人報酬	監護人得請求報酬，其數額由法院酌定（第 1113、1104 條）	
監護人處分財產限制	監護人處分財產時，原則上不得以受監護人的財產進行投資（監護人不得以受監護人之財產為投資，但購買公債、國庫券、中央銀行儲蓄券、金融債券、可轉讓定期存單、金融機構承兌匯票或保證商業本票，不在此限），且如果是「重大財產行為」時，應經法院許可（第 1101 條）	

製表人：李雪雯

資料來源：《高齡金融規劃法規及實務解析》p.196

意定監護制度
當事人無行為能力前
任意監護
2019 年立法院三讀通過，增訂成年人意定監護相關條文
於本人意思健全時，由本人與受任人約定，於本人受監護宣告時，由受任人擔任監護人（第 1113 條之 2）。也就是說，監護人可以自己先決定好，不必經由法官指定
不限於法定監護所定的一定範圍人選（第 1113 條之 2）
依意定監護契約所定（第 1113 條之 2）。舉例來說，當事人可以選擇多位監護人，分別負責生活、護養療治，以及財產管理等事項
意定監護契約得約定報酬，或約定不給付報酬；未約定者，監護人得請求法院酌定（第 1113 條之 7）
意定監護契約可約定受任人執行監護職務，不受民法規定的限制（第 1101 條 II、III、1113 條之 9）。假設當事人在意定監護契約中，已特別約定監護人可以代理受監護人購置、處分不動產，或是得以受監護人財產為投資時，可以投資的項目將不再只限於左列的公債等項目

其次，由於多數安養信託的信託資金運用非常保守（幾乎都擺在定存或活存中），再加上一般信託一旦成立且生效，就會開始按照信託資產一定比率，收取所謂的「信託管理費（目前約爲 0.3%～0.5%）」，所以，多數民眾並不願意在自己還有意識及行爲能力的時候，就立刻成立一個一般安養信託契約。再不然，就是先成立信託（或是預開型信託）之後，只把非常少的資產，匯入到信託專戶裡，剩下的大部分資產，還是由自己進行投資運用。

然而，這樣做是會有一定風險的。因爲萬一喪失行爲能力，沒有一位信得過的可靠監護人，就算當事人有再多的財富，也無法進入信託專戶裡，「專款專用」在自己身上。

所以業者便建議：假設錢可以全部進入信託專戶，那就只找信託監察人即可。假設民眾的錢，先不進到信託專戶，那就要同時先找好信託監察人，以及意定監護人。

「意定監護契約＋信託」的二種做法

例如對於單身的我來說，如果有很值得信賴的人，就可以透過意定監護契約，再加一個預開型信託。如此一來，我就不用擺太多財產在信託專戶之中；但假設遍尋不著，可以讓自己非常放心的人。自己恐怕就要有想法，在適當的時機，該把錢擺到信託的，就要早點擺進去。

因爲萬一當事人不幸失智，原先設立安養信託帳戶裡的財產，又不足以照顧他時，那其他的財產，法院依職權所選定的監護人，是否

會眞的再交付信託？因爲一般法院在進行監護宣告宣判時，一定都是兄弟姐妹等親屬。若當事人沒有結婚，其所未用完的錢，可能就是兄弟姐妹來繼承。

根據一些社福團體的經驗，有些有繼承權的親人當監護人，監護人還是會希望「少用在被監護人身上，多留一點遺產，留給包括自己在內的繼承人」？所以，監護人很可能會「省著點用」就好。只是如此一來，這樣的照護品質，可能就不是當初立信託者（委託人兼受益人）所期待的。

所以，如果單身族群，現在可以處理財產，又不想太早把錢，放到信託專戶中，並支付信託管理費，就可以先找好一位意定監護人，至少在自己萬一發生無行爲能力時，有人可以處理資產，並幫忙自己成立一個信託，或幫忙將資產放入信託，將自己的財產「專款專用」在自己身上。

因爲透過意定監護契約＋信託時，當事人可以找在情感上更「麻吉（match）」的人（更了解自己的好友、閨蜜或同學、同事），他知道當事人的想法，會爲當事人的最佳利益著想，反而更適合當他的監護人。如此可以更進一步確保：在當事人失去行爲能力時，就可以請意定監護人，把當事人的財產，轉入到信託專戶中。

這是因爲在當事人被法院認定「受監護宣告」時，意定監護人必須先開出當事人的財產清冊。當事人可以預先在意定監護契約中，指明要將哪些財產「交付信託」？此時，意定監護人就應該按照當事人的意願（意定監護契約裡的約定），將所指明的財產交付信託。

如此一來，當事人未來被照顧的財源才會夠。因為，當事人可以確定這些錢，一定是「專款專用」在自己身上，沒有人可以隨便挪走。且當財產移轉到信託專戶後，所有資料都是透明的，就算是意定監護人，也無法從中「上下其手」。甚至，就算是當事人的閨蜜，也沒有辦法從信託專戶中拿錢。而透過這個信託機制，當事人有哪些財產，都清楚載明在財產清冊中；且意定監護契約中，也載明要將哪些財產交付信託？如此一來，當所有當事人的財產運用都清楚、透明，就不容易衍生紛爭。

所以，我建議特別是單身、未婚的人，最好在自己意識清楚時，先找好可信賴的意定監護人、先簽一個意定監護契約、交待好財產處理的方式，再搭配一個安養信託機制，才能保障自己在需要照顧時，能獲得完善的照顧。

這是因為，沒人能預料明天會發生什麼事。例如中風、沒了意識，就算我有幾百萬的財產，沒人知道我的提款密碼，也沒人能幫我，把信託帳戶之外的財產，轉到信託專戶去。這時候，我如果當初有簽立一個意定監護契約，並且將財產做一些安排，那麼，意定監護人就可以憑著法院的裁決，去到銀行把這些財產，轉到我的信託專戶去，繼續「專款專用」在我身上。意定監護人有憑有據，銀行也才會讓他轉錢。

至於信託，可以是預開型，也可以是一般信託，完全看客戶的需求。如果年紀輕輕、還在上班，還沒有到真正準備退休的年齡，可以先開一個預開型信託，只需要移入很少的一些資產即可。當然，也可以成立一般的安養信託。但以我來說，我也不可能將所有資產，全擺

放到信託專戶中。因爲放進去後，委託人就要支付信託管理費。而我可能還不想立刻，就付那麼多的信託管理費。即使我想在 65 歲退休，我目前身體狀況還 OK，那我就只要先擺個 200、300 萬元，足夠支付我生活一段時間就好。但是我在信託帳戶之外，還有更多的資產，我可能想自行運用（投資）比較方便。日後，再慢慢才把錢，轉到信託帳戶去，細節詳見（表 2-5-2）。

表 2-5-2 「意定監護契約 + 信託」的兩種做法

	方式 1：請意定監護人協助洽詢信託業者，並將財產交付設立安養信託	方式 2：請意定監護人協助將財產，交付至本人已設立的安養信託
實際做法	立契約當事人在意定監護契約中寫明：萬一喪失行為能力，並由法院進行監護宣告後，請意定監護人將當事人的所有財產「成立信託」	當事人先依自己的需求，簽訂、成立安養信託，並在意定監護契約中明定，屆時請意定監護人協助將相關財產，交付信託予受託人
優點	意定監護契約的功能，只是請意定監護人，協助將當事人當時的財產「交付信託」。如此，可減輕意定監護人的負擔及壓力，親友也就比較願意擔任意定監護人	所有安養信託契約內容的安排，全都是在當事人手中「捏」出來的，完全符合當事人想要的樣子 先成立預開型安養信託，等需要時再由意定監察人，協助交付信託財產，可省下信託管理費
缺點	萬一所託非人，意定監護人不見得會將當事人的財產交付信託	萬一所託非人，意定監護人未將財產交付信託，安養財源的管理與保全堪慮

資料提供：邱奕德

意定監護 + 信託契約：
如何擬定信託財產交付內容？

一般來說，開立財產清冊，原本就是法院所要求的程序，且由於當事人的財產一定在變化，當初約定跟最後的財產金額會有落差。所以在訂立契約時，只能設定一個大概情況，例如在契約中寫：「包括 XXX，但不限於哪幾家銀行或券商裡面的錢或有價證券」。至於最後真正的價值，未來財產清冊會有明確的數字。

其次，意定監護人也可以協助當事人（立契約者）把不動產交付信託。有價證券（股票、基金或 ETF）部分，如果不能直接交付信託，有些受託銀行不承作 ETF 或基金的業務，那就得請意定監護人先賣出（可由其自行決定何時賣出，因為受託銀行只會接受「在某一特定時點賣出所有有價證券」的指令，但仍會擔心低賣的風險，不願意承擔此責任），再將所得款項，匯入到指定的信託專戶中。

注意事項 VS. 衍生問題

1.信託專戶裡的資金運用，最好不要太過積極。 進到信託專戶的錢，因為是要照顧已無行為能力的當事人，所以，並不建議做太過積極的投資運用，而最好是較為安穩的資金配置。除非當事人在意定監護契約裡面寫明：意定監護人可以做什麼樣的風險性投資。否則，萬

一有虧損發生，當事人的家屬可能會提出質疑。

2. 意定監護人要「所託對人」。意定監護契約訂立之後，假設委託人真的不幸失能或失智，沒了行為能力。如果監護人不照著原來的規劃走（通知受託銀行），受託銀行不會知道並啟動信託。一般來說，對委託人財產有繼承權的家屬，也許會關心這件事，但如果沒有什麼家屬在旁，問題就會產生。因此首先，意定監護人是否「所託對人」，就非常重要。其次，意定監護人跟信託監察人一樣，並不是只能有一位，可以有好幾位（可以共同，也可以順位）。當然，一位及多位都各有優缺點，一位可能會所託非人；但多位也可能沒有共識。但對於受託銀行來說，只要資金不進入信託專戶，受託銀行不會主動（也沒有強制力）去要求意定監護人，必須把委託人的財產，放到信託專戶中。

可找第三人來「運用」信託資金嗎？

當然，當事人也可以在意定監護契約中寫明：投資操作找某某人。但是在信託契約中，資金運用的指示人，必須非常明確。因為一般信託資金運用的指示，都是由委託人下。

不過，一旦當事人沒有（無法）進行意思表示時，只有兩種處理方式：其一是當事人信賴受託人（銀行），在某些情況下，由受託銀行接手管理（信託資金運用）；其二，則是可以委託當事人的某一位信賴的人或機構，由他或機構來進行指示。不過，這樣就必須由當事人，預先在信託契約中約定：「資金運用權在平時，是由當事人下指示；

但當事人無法指示時，請受託機構按『第三人』的指示」。這裡的「第三人」，可能是某某人或某某機構。對受託銀行來說，第三人必須在簽立信託契約時，就跟著當事人一起來簽；除非受託銀行考量個案特殊需求而同意願意接受「補簽」。

如果屆時，這位「第三人」不願意「補簽」，就必須在當初意定監護契約中，事先做好約定。當然，此「第三人」在法律上，並沒有一個專有名詞，而是單一個人，或一家投顧公司都可以。一般這部分，就得看各家受託銀行自己的想法。不論是「運用決定權人」或「投資指示人」都可，只要大家都清楚、明白即可。因為這個人的角色或功能，都會在契約中訂清楚。只要這個角色的名稱，以及其功能、做哪些事？付多少報酬？在信託契約條款中訂得清清楚楚。

但實務上，到底有多少個案這麼做？根據信託業者過去的經驗，目前很少、很少。最後常演變成：投資人有一大筆錢在信託帳戶外，由專家代操；只放一小部分的錢在信託專戶中。只是外面的這筆錢，如果有簽意定監護契約，到時候還是可由意定監護人，把這筆錢轉到信託專戶中。

運作「意定監護」的步驟流程

那麼，意定監護契約要怎麼做呢？其實，意定監護的流程並不複雜，從簽約到正式執行監護任務，只需要以下簡單兩個步驟：

步驟1：委任人與受任人簽署意定監護契約。這裡要注意的是，意定監護必需訂立書面契約，不可以用口頭契約取代。至於意定監護

契約怎麼寫？網路上雖有範本，但實際要寫什麼內容，眞的還滿有彈性的。因爲，它只是當事人與受任人（意定監護人）之間的一個契約而已。所以，意定監護契約要怎麼訂？當事人其實可有很大的自由。只要當事人跟意定監護人講好，且意定監護人要做的事，對方也能做得到，只要沒有違反什麼強制法令、公序良俗，在契約自由原則下，此一經過公證的契約，就是有效力的，意定監護人就應該要按著契約規定執行。

目前，法務部有提供「意定監護契約參考範本」[2]，一般民眾可以參考並依照個人的需求，自行增修內容。但專家也不忘建議當事人在意定監護契約中，清楚載明以下重要內容：

首先，是未來受監護宣告時，受監護人的「生活照護方式」，以及「財產管理使用方式」。

其次，爲了預先準備好失能後的生活起居安排，同時避免後輩子孫爲此事傷腦筋，可以在監護契約中，指定「日後想要居住的安養醫療機構院所」，同時指定監護人爲自己成立安養信託，並且在信託契約中，設定定期將信託財產，直接撥給安養機構，以支付相關費用。

步驟 2：備齊相關文件、找公證人（費用約 1,000 元以上）做成公證書，並在 7 日內送交法院。民眾在辦理意定監護公證時，除了帶齊相關證件外，委任人（民眾）必須與受任人（意定監護人）一同前往，不能由他人代替出席。至於公證時應備文件包括：

1. 委任人、受任人身分證、印章、最新戶籍謄本。

2. 必要時，例如年紀較大，或是表達能力不佳，公證人還會要求

當事人提供醫院診斷證明，以證明本人意識清楚。

3. 意定監護契約中，如果有指定開具財產清冊之人，還必須另外提出載名受指定人身份資料之文件。至於財產歸戶清冊，則要向國稅局申請，且必須提出清冊上相應財產證明文件的正本（例如車輛行照、不動產權狀、存摺）。

另外，如果是不識字，或是無閱讀能力的人，則還要多帶一位能閱讀，且與監護事件無利害關係的人為見證人（當然，見證人也要攜帶雙證件及印章）。

由以上步驟可以了解，意定契約的簽訂，並不是當事人自己簽一簽就好，首先，要先找專業的人寫好書面契約，還要有公證人進行公證。日後在當事人受監護宣告時，這份預立的意定監護契約才具有法律效力。

至於可以進行公證的管道，目前有「法院公證處」和「民間公證人事務所」。不過據私下了解，由於意定監護契約公證屬一次性收費，且價格非常低廉，但公證人的責任卻重大，並不是每一位公證人，都願意承接此一業務。所以，民眾最好事先詢問清楚。

簽訂意定監護契約的相關費用

民眾在訂立意定監護契約時，有可能產生以下3種費用支出：

1. 公證費用：意定監護契約必須經過公證，公證費用會依法定標準收費。目前收費標準是：如果沒有約定受任人報酬，公證費用大約是新台幣 1000 多元；假設有約定受任人的報酬，則會在計算報酬總額之後，再依司法院公證費用標準收取。

2. 其他服務費用：如果民眾委託律師，代為撰寫及審查意定監護契約，或是進行資產規劃，會再根據服務內容，進行報價與收費。

3. 意定監護人的報酬：依照《民法》第 1113-7 條規定，當事人本人可與受託人自行約定，是否要給付報酬？或是報酬的金額多寡？但是，就算意定監護契約中，都沒有約定相關報酬內容，監護人未來也還是可以自行向法院請求，按其勞力及受監護人的資力，酌定報酬的數額。

---

1. 根據《民法》第 1112 條規定，監護人在執行有關受監護人的生活、護養療治，以及財產管理職務時，應尊重受監護人的意思，並考量其身心狀態與生活狀況。所以簡單來說，監護人的「功能（職責）」，主要包括「醫療養護」、「生活照顧」及「財產管理」這三種（請見下圖一、二、三，至於監察人詳細職務內容，請見「衛生福利部社會暨家庭署」提供之〈做個稱職的監護人、輔助人〉小冊子。
2. https://www.moj.gov.tw/2204/2528/2529/2530/2533/12401/

2-6 一圓「行有餘力」的夢想─公益信託

「公益信託」運作流程示意圖

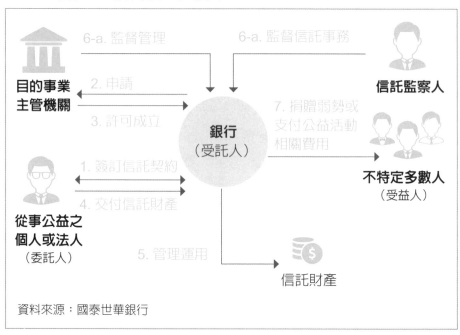

目的事業
主管機關

6-a. 監督管理

6-a. 監督信託事務

信託監察人

2. 申請

3. 許可成立

銀行
（受託人）

7. 捐贈弱勢或
支付公益活動
相關費用

不特定多數人
（受益人）

從事公益之
個人或法人
（委託人）

1. 簽訂信託契約

4. 交付信託財產

5. 管理運用

信託財產

資料來源：國泰世華銀行

【案例一】60多歲、單身，平日就熱心公益捐款的董小姐，前半生都在海外辛苦打拼，希望退休後能「落葉歸根」，回到熟悉的地方養老。並且在屆齡退休後，有更多的時間「投身公益」。

由於過去所累積的財富，足夠她好幾輩子都吃穿不用愁。她不想自己身後的財產，全都收歸國有，而是讓這些錢「做些更有意義的

事」。而且，她也不想只做「捐錢，但沒法參與公益」的活動。就四處打聽可以圓夢的做法……。

事實上，對於董小姐這樣，「有些錢想做公益，且自己也想親身投入、按照自己的想法做公益」的民眾來說，公益信託就是一種最佳的選項。因為它具有以下幾大優勢：

1.設立手續較為簡便。 成立公益信託的第一個好處，就是「免向法院為法人登記」。簡單來說就是：不論是個人或企業，不必取得法人資格，就可以達到服務社會的心願。

2.人事管銷費用成本低。 與財團法人（基金會）相比，公益信託不必成立主事務所及設置專職人員，所以，能節省掉許多人事及管銷費用的支出。至於基金會的組織架構，就與公益信託不一樣，它（基金會）會有董事會及各式執行委員會等等組織架構，及基於業務需求而存在的作業人員，每一個人都要領薪水；公益信託則完全沒有什麼工作人員，也不需要支付相關人員的薪水，唯一有的只是給受託銀行的信託管理費，以及必要的宣傳行銷費用支出。

簡單來說，公益信託只是一個銀行帳戶，沒有養行政人員，相關的「耗損」（成本）可以最低。然後，又可以符合委託人的理念，幫助到想要幫助的對象。至於基金會及協會，因為必須設有行政人員、辦公場所等耗損（基金會只能動用孳息，其他必須額外申請，才能動用）。所以，公益信託可以說是成本最低的，本金可以用到一毛不剩。

所以，它的最大優點就是：成本低、連本金都可以動支（基金會只能動用孳息），而且很彈性，也能夠直接面對想要幫助的人。可以這麼說，假設當事人有一些想法，想要照顧到一些特定的人，真的建

議成立公益信託，去直接面對要幫助的人。

再以信託管理費為例，公益信託一般也大約是「每月3,000元」。根據目前身為兩個公益信託─（「公益信託煥章慈善基金」與「達人教育公益信託」）監察人的陳慶榮的說法，銀行收這麼低的費用，主要還是社會公益的考量，並不考慮此業務是否賺錢。他表示，正因為受託銀行也認同公益想法，所以才會全力支援這兩個公益信託，來做這些事情。所以，多年來，公益信託受託銀行也沒有漲信託管理費。只有簽約費，會比一般信託要高。這是因為受託銀行，要負責撰寫公益信託的申請文件，並且送給負責的主管機關去申請成立。之後，就是每月固定的信託管理費。這部分，每個案子、每家銀行都不同。

至於信託監察人的費用，曾任保險司司長、凱基銀行及證券董事長的魏寶生，其所成立的公益信託監察人，就是由陳慶榮擔任。一開始，他因為「情義相挺」，信託監察人的費用是「一年3000元」。後來在第二年時雖然提高，但也約定在「每月3000元」，儘可能將捐款用在公益贊助上。當然，一般公益信託以上兩大收費，主要是看「資金規模」，以及「舉辦活動的頻繁程度」。這兩個案子因為得到受託銀行的鼎力相助，雖然舉辦活動數頗多，常會勞煩承辦人做許多繁複的文書、審查及撥款等作業，但陳慶榮再三強調，信託部所收的管理費用卻真的不高。

3. 成立門檻低：不受捐助財產規模及存續期間之限制，且可動用基本財產等特點。據了解，有關「成立資金」的規定，兩者原本都是有的。以基金會為例，成立門檻原訂在3,000萬元以上；至於公益信託原先也是這樣。可是，後來就沒有這麼要求了。

但公益信託大概的規範是：財產規模達 3,000 萬元以上，得歸政府中央主管機構（各部會，像是內政部、教育部、法務部…）許可及監督，執行公益活動範圍可及於全國；3,000 萬元或是 2,000 萬元以下，就屬於地方型的公益信託，由地方縣市政府核准。

以地方型為例，假設在台北市成立，那麼其服務對象，就是在台北地區。可是有關額度的規定，基金會的要求還有，（當時）公益信託對申請設立的資金規模要求，沒有一定要求須達多少數額，在鼓勵公益行善的前提下，設立金額是可以協商的。

目前就側面了解，曾有公益信託的規模只有 200 萬元，就獲得核准且開始做公益了。只要每一年，再透過一些募款，或是自己再捐，讓一定的資金挹注進去，就能正常運作，詳見（表 2-6-1）。

表 2-6-1 公益信託、基金會、協會—三者差異比一比

	公益信託	
形式	信託帳（專）戶	
目的	公共利益	
直接提供服務	多數無提供服務，只單純給錢，再由申請贊助的團體提供服務	
節稅效果	可扣抵個人綜合所得 20%	
法源	《信託法》	
設立程序	目的事業主管機關許可，不須向法院登記	
設置監察人	必須設立信託監察人	
受益對象	不特定	
財產所有權者	受託人	
財產所有權動用難易度	因為受託人有資格限制，獨立財產權，需要得到監察人[註1]的同意，才能動用資金	
成立資金	集合大眾的小額資金成立信託，日後也可以追加信託本金	
資金運用範圍	可動用本金及孳息	
執行事務規範	在「善良管理人」、「分別管理」及「忠實義務」方面，《信託法》都有限制性的規定（《信託法》第 22、24、25、34、35 條）	
行政監督	受託人必須每年至少 1 次，將信託事務處理情形及財務狀況，報請主管機關核備及公告（《信託法》第 72 條）	
設有支薪行政人員	無，庶務都委由諮詢委員會處理	
諮詢委員會或董事資格（條件）	委託人、受託人及信託監察人配偶、三等親以內的血親，或二等親以內的姻親，不得超過現有委員會人數的 1／3	
剩餘財產歸屬	各級政府、公益法人或公益信託	

資料提供：陳慶榮

基金會
法人組織
公共利益
同時提供金錢及勞務
可扣抵個人綜合所得 20%
《民法》
目的事業主管機關許可，但須向法院登記
設立監察人非必要
不特定
財團法人
因為董事無資格限制，只要控制董事會，就等於控制基金會，易受不肖人士濫用
委託人捐贈單筆金額成立基金會（基本上是 3000 萬元以上），日後也接受大眾捐贈
只能動用孳息
《民法》並沒有相關限制性的規定，但有「組織章程」做為執行事務的依據
無
有支薪行政人員
主要捐贈人、配偶及三等親以內的親屬，擔任董監事人數，不得超過全體董監事人數的 1 / 3
各級政府

註 1：目前公益信託「財產所有權動用」正在修法，擬將「諮詢委員」納入。

4. 節稅同樣也有好處。與捐款給基金會相同，成立或捐贈給公益信託，也同樣有一定的稅賦減免。也就是說，當公益信託符合「受託人是《信託業法》所稱的信託業」、「除為其設立目的舉辦事業，而必須支付的費用外，不以任何方式對特定，或可得特定人給予特殊利益」，以及「信託行為明定信託關係解除、終止或消滅時，信託財產移轉於各級政府、有類似目的的公益法人，或公益信託等條件」時，捐贈人在遺贈稅及所得稅方面，都可享有適當的減免，其內容詳見（表2-6-2）。

表 2-6-2 「公益信託」可享受的稅賦減免

名目	內容
遺產稅與贈與稅	·捐贈或加入被繼承人死亡時，已成立的公益信託，可不計入被繼承人的遺產總額 ·提供財產成立、捐贈，或加入公益信託，可不計入贈與總額
所得稅	個人及營利事業成立、捐贈，或加入公益信託，可做為捐贈扣除額
房屋稅	公益信託所有的房屋，如果提供公益信託直接使用時，可免繳房屋稅

製表人：李雪雯
資料來源：信託公會（https://www.trust.org.tw/tw/special/view/1）

5. 參與度較高。捐款給公益信託的錢，跟捐錢給基金會一樣，都具有「減稅」的效果（可扣抵個人綜合所得20%）。如果從委託人的角度來看，其與捐給基金會間的差別，也與「親自參與度高低」有關。

例如捐錢給基金會，捐款人沒有主導權，基金會要做什麼，捐款人也不知道。相關捐助到底是給了「哪些弱勢族群」？捐款人完全不

清楚。也就是說，捐款人的期望，跟基金會的實現間，可是會有落差的，且捐款人沒有主控權。但如果自己成立公益信託，自己除了較有參與公益活動的機會和空間外，還可以規劃、設計和參與這些想要照顧的族群的活動，並「直接接觸」。

公益信託的委託人，可以針對想要幫助的族群，進行面對面的接觸；除了捐贈金錢外，更可以身體力行參與公益活動、做出更多類型的貢獻。例如董小姐這樣，會有一筆未花完的遺產，完全不想「被收歸國有」，也不想留給兄姐的小孩，卻更希望照顧某個族群，就可以在生前，就成立以此為目的的公益信託。

成立公益信託後，凡是符合公益信託目的的團體，都可以來申請經費補助。以上公益信託的計畫，一般都會在網站上公告，所以，有相關資金需要的機構，只要上各銀行公益信託網站，只要他們符合計畫內容，都可以提出申請，讓董小姐希望回饋社會的公益之心，能夠一一落實。

注意事項 VS. 衍生問題

如果有人有一筆錢，扣除掉自己退休養老之用外，還有餘錢想做公益。這個時候，不論他生前或身故後，都可以成立公益信託。但是，想要成立公益信託的善心人士，還必須先注意以下的規定。

1. 想要照顧哪一個族群？一般人要成立公益信託，要先想好「自己想要照顧哪一個族群」？或是「我要針對什麼樣的議題，提供什麼樣的一種財務（金錢）上，或是什麼樣活動上的一些協助」？這是一

種自發性的，想要回饋社會的一種心態。然後，他去做這樣（成立公益信託）的事情。

2.有三種成立方式，但都須經各目的主管機關許可。目前依照《信託法》的相關規定，可以透過「契約（委託人在生前，就申請成立）」、「遺囑（委託人透過遺囑，在其身故後申請成立）」，以及「宣言」等三種方式，成立公益信託，三者差異之內容詳見（表2-6-3）。

表2-6-3 成立「公益信託」的三種方式

	契約信託	遺囑信託	宣言信託
性質	雙方行為	委託人的單獨行為（立遺囑）	法人的單獨行為（對外宣告）
信託成立	受託人接受財產權的移轉或處分（即要物行為完成）的同時	立遺囑人依民法所定方式，完成設立信託的遺囑行為時	法人以其特定財產，為增進公共利益對外宣言，以自己為委託人及受託人時
效力發生	同上	立遺囑人死亡時	同上
不屬於的情形	－－	·遺囑人死亡後，繼承人或遺囑執行人依照遺囑，與受託人簽定契約 ·受託人生前與人訂立信託契約，以其死亡為條件或始期，使該信託在其死亡時發生效力	－－

資料提供：金融研訓院「高齡金融暨信託專業課程」講座張齊家

但不論是哪一種，都得經過「目的主管機關」的核准而成立（依1996 年 1 月 26 日公佈的《信託法》第 69 條規定，係以慈善、文化、學術、技藝、宗教、祭祀或其他以公益為目的之信託。有關公益信託之許可及監督辦法，依照同法第 85 條規定，係由目的事業主管機關定之）。

這是因為公益信託成立的目的，是為了嘉惠公眾，所以，就與一般私人成立信託，以便照顧自己或家人的目的不同。為了能讓整體運作能落實公益，所有公益信託的設立，都必須由信託業者（受託銀行），向目的事業主管機關（例如以慈善為目的設立的公益信託，其目的事業主管機關是「內政部」；以環境保護為目的時，則為「環保署」等）提出申請。目前，已有 12 個部會訂有公益信託許可及監督辦法 **1**。

當然依法，委託人也可以透過遺囑的方式，成立公益信託。只不過，這就要看成立此公益信託時的委託人，成立的目的是什麼？意義是什麼？一般來說，生前可以自己成立公益信託，死後，也可以透過遺囑成立公益信託。但通常，都是生前就成立公益信託。因為其目的，就是為了「紀念某某人（委託人的父母或祖父母）」，但透過遺囑成立信託，通常只能紀念自己。

在委託人（想要從事公益的人）生前就成立公益信託，委託人可以表彰想要紀念的人，且委託人本身在公益之中。早期還未修法之前，委託人、監察人跟受託人三方，可以去做某些程度的，公益資金運作的一些設計，或是特別針對某些族群，做靈活地運用。

根據業者的說法，正是因為成立公益信託，必須經目的主管機關核准。所以，不容易事先在安養信託契約中，要求將身故後未用完的

信託財產，直接交付成立公益信託。只能透過遺囑信託成立，或是委託人選擇在其生前，就分別成立安養信託及公益信託。之所以「生前就成立公益信託」為佳？就是因為可以在委託人生前，就完全掌控公益信託的架構及運作模式。

如果當事人有不少財富，既要照顧自己退休生活，也預期還會剩一些錢。那麼，可以先成立為自己退休的安養信託，在財務配置好之後，餘錢再另外成立一個公益信託。兩邊設計得好的話，一方面可以照顧好自己（安養信託），走（過世）了之後，有人還會記得這個人，曾經幫助過自己。

3. 成立後必須實際運作。根據法規規定，公益信託成立後 3 年內，一定要開始運作（例如主管機關為內政部所發佈的「內政業務公益信託許可及監督辦法」中的第 27 條之三就規定：無正當理由連續三年不為活動，主管機關得依規定廢止其許可，或為其他必要處置）；之後據了解，法令也沒有規命，不能「暫停業務運作」，例如沒有任何單位提出申請、完全沒有任何單位符合申請資格，或是暫時不受理。

4. 捐助對象限「不特定人」。單以協會為例，它會很清楚每年要做哪些事？花哪些錢？然後再找募捐的人捐款；但公益信託，就只定一個目標及方向。至於會有什麼樣的人來申請？或是申請多少錢？則是不確定的。這是因為公益信託只在管理計畫中，訂定補助項目和一個大概的贊（補）助額度，有需求的人或單位都可來申請。只要申請目的，跟公益信託所設定的目標、宗旨相同，且符合相關的贊助或補助計畫者，就可以獲得撥款補助。

5.必須設立信託監察人，工作是進行撥款審核（目前，監察人仍是核定撥款的審核及同意權行使人）。由於公益信託成立的目的是「行善」，為了不讓眾人的善心遭到濫用，每個公益信託依法，都必須設有信託監察人，來監督信託業者（受託銀行），是否有依照信託的宗旨管理及運用資金？

簡單來說，受託銀行的角色，就類似「帳房」、「總管」而已。所以，公益信託只是一個「帳戶」，不像基金會，它是一個「法人組織」，需要很多人所集合成的「團體」，去完成許多工作。公益信託就只負責「贊助金錢」，實際做事則是由來申請補助的社福團體來完成。舉例來說，育幼院裡有志工，但它們沒錢，但公益信託則有。因此，公益信託的角色就是負責「發錢」，並不實際提供社會弱勢族群，所需的服務（勞力或勞務）。當然，育幼院也可以說，他們要培養志工，需要一筆資金，這筆資金就由某一公益信託來補助。

6.雖有節稅優點，但也只有一次機會，假設錢未用完，剩下的可能就是國家的。節稅當然是公益信託的好處之一，可是批評者往往忽略掉的就是：這些財產一旦捐做公益，就不會回到捐贈者本身。只是在他們把錢捐出去這段時間，政府讓你（捐贈者）一方面有稅負上的減免，一部分是你可以「支配、策劃或規範」，並跟「受託機構」間，共同執行這筆資金的運用（作）的一種機制。所以，所謂的「節稅」，也只在於「大筆捐出去」當下的那一次，之後投資運用若有收益，也是屬於信託財產，並非委託人自己的，錢永遠都不會回到自己身上。

7.適合「對公益活動有非常多想法」的人成立。可以這麼說，成立公益信託，完全在於委託人，有沒有什麼想法？然後，受託單位能

否共同去執行？在監察人的輔助下，協調將想要完成的計畫完成。所以，如果有錢人有非常多，想要幫助社會弱勢族群的想法，並且希望了解每一分錢，都能用在自己設定的對象上，也希望親自接觸到這些受自己資助的對象，就適合成立公益信託；如果單純有錢，但不關心或介意這筆錢，會用在哪些人身上，則捐給基金會或已成立的公益信託都可以。

8.並非所有銀行在做公益信託。正由於公益信託方面的審核，具有一定的專業，所以，並非所有銀行都有在做公益信託。有做的，多半是「提供獎學金」類的公益信託。建議找承辦經驗較豐富的銀行，有比較多和目的事業主管機關互動的經驗，知道在什麼情況下，如何幫客戶與目的事業主管機關溝通，以達成順利申請辦理公益信託的目的。

據了解，目前有在做公益信託的銀行共有：中國信託、合庫金庫、國泰世華、富邦，以及彰化等幾家銀行。

可以利用「公益信託」募款嗎？

根據陳慶榮的說法，「公益信託」雖然必須經由主管機關的核准方得設立，但其本身並不具法人人格，不符公益勸募條例第5條所稱勸募團體的規範；所以，依法不得發起「勸募」！

不過，依《遺贈稅法》第20-1條「因委託人提供財產成立、捐贈或加入符合第16條之1各款規定之公益信託，受益人得享有信託利益之權利，不計入贈與總額」的規定，公益信託還是可以接受各界及善

心人士的捐贈。

　　他表示，有些公益信託本身，就會去做宣傳，透過辦活動，或是委託人自己的人脈關係，或是與企業間的合作來籌款。或是每年，也可以聚集一些，對公益有興趣的潛在捐款人（例如企業主），辦一個「義賣助公益」餐會活動，藉由義賣所得，來捐助公益，或是針對「讓捐助人知悉他們所捐的錢，都用在哪些地方」。他們的做法是：每一年，把收到多少錢？做了多少事？全部寫一份報告，再寄給這些捐款人。所以，每一位捐款人，不論捐多捐少，都會在年底都會發一個感謝信，向捐款人報告這一年，公益信託在這項公益事務上，做了哪些事？幫助了哪些人或團體？支付了多少的善款？…

　　有關行政事務，目前金管會希望受託銀行這邊，可以「主動」去處理。因為銀行既然為受託人，就應該去主導這些公益和宣傳活動。但以陳慶榮之前的做法，這些事都是自己來做。也就是委託人，會透過自己的關係，主動去跟其他朋友或企業主進行邀約贊助。

　　受託銀行收到這些捐款後，會先確認捐款人的身份及基本資料（身分證字號、地址等）。也就等於銀行，是幫公益信託「管帳」，並幫忙審核這些公益信託贊助的活動，符合公益信託法裡，所規範的事項，以確保每一筆支出，都要合乎相關的規範。

　　每一年，受託銀行要做決算的時候，會把以上那些支出列出來。這些資料在受託銀行都會有，捐款人要查的話，都可以查得到。正因為一切都是透明且公開的，公益信託就會整理出一份報告出來。

公益信託如何運作？

　　為了讓相關人士了解公益信託的運作狀況，信託業者每年必須編制下一年度的計畫及預算書、陳報給目的事業主管機關；並且必須在每年結束後，將當年公益信託營運管理的狀況，編製完成相關報告、送信託監察人審核，再報給目的事業主管機關。之後，信託業者也必須將這些文件公告，讓一般大眾知道及了解。

圖 2-6-1 公益信託步驟

需求討論（擬定公益信託契約、編制公益事務辦理計畫及預算）	簽約並向目的事業主管機關送件申請	目的事業主管機關審查

辦理相關公益事項及活動	委託將擬捐助財產移轉交付公益信託	取得主管機關核准函、申請統一編號及開立公益信託專戶

---

1. ·訂有公益信託許可及監督辦法的 12 個部會：
    ·內政業務公益信託許可及監督辦法（2003.08.22）
    ·文化公益信託許可及監督辦法（2002.12.09）
    ·法務公益信託許可及監督辦法（1996.12.04）
    ·原子能業務公益信託許可及監督辦法（2003.03.26）
    ·消費者保護公益信託許可及監督辦法（2002.10.02）
    ·銀行相關業務公益信託許可及監督辦法（2004.06.30）
    ·環境保護公益信託許可及監督辦法（2003.05.14）
    ·體育業務公益信託許可及監督辦法（2002.08.05）
    ·社會福利公益信託許可及監督辦法（2004.05.05）
    ·教育公益信託許可及監督辦法（2015.10.29）
    ·勞動力發展業務公益信託許可及監督辦法（2016.07.15）
    ·海洋公益信託許可及監督辦法（2019.06.06）

「本金自益、孳息他益」型 VS. 「本金他益、孳息自益」型有價證券信託

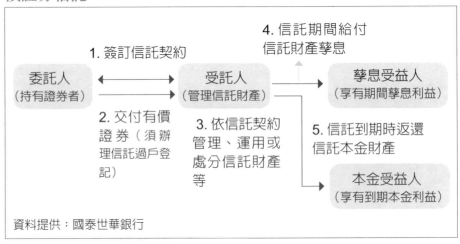

資料提供：國泰世華銀行

【案例一】60 多歲的老郭，是近幾年國內投資市場裡，非常流行的「存股族」中的一員。只要是配息穩定且殖利率高的股票，像是金融股或某些產業龍頭股，都是他「存」的標的。

雖然在今（2023）年，殖利率最高的族群──金融股的配息都有降低，但是，就是鍾愛「存」金融股的他，不僅「一張不賣」，還想繼續趁股價低檔「加碼買進」。

因為他估算，目前每月平均可以從這些「高殖利率股票」中，穩

定獲得近 4 萬元的收入。而他原本的規劃是：在 65 歲退休前，能「存」到更多的股票，在每月的利息收入達到 5 萬元之後，便可以安穩退休了。未來，這些股票就變成「傳家寶」，留給他的兩個兒子繼承。

不過，因為老郭的父親壯年時期，就罹患早發性失智症，他也擔心未來萬一不幸失智，每年從股票上所領的所有股息，是否都一樣會分毫用在自己的身上？

解決辦法 VS. 專業建議

存股族的股票配息拿來信託，以做為養老之用，當然是可以。但，很多人或許都會質疑：定存股自己領配息就好，為何還要把這批定存股「交付信託」呢？其最主要的考量，就是「老後的風險很大」。因為投資人健康的時候，自己領配息是沒有問題；但如果健康不好的時候，配息是配到當事人的帳戶裡。

這時候，如果當事人想要從帳戶中拿錢出來，恐怕就要看小孩子要不要幫你提錢？這就會產生「照顧是否落實」的問題了。但是，如果配息是在信託裡面，由於這個錢是「專款專用」的，只要有人，事先在安養信託這邊簽好約。所有的費用支出，未來都可以由受託機構依信託契約約定來支付。

所以，透過信託這個工具，這筆錢才能達到「照顧自己最後一哩路」的目標。我才會建議：當存股族持有股票，並累積到一定部位（數量）、有一定的配息時，就建議在適當的時機交付信託。

我認為想要退休安養，且握有不少「配息股票」的存股族，可以直接做「本金及孳息」都是「自益」的純自益型有價證券信託（因為信託目為「退休安養」，名稱雖然是「安養信託」，只是交付的信託財產為「股票」），且信託期間可以設為「至受益人身故時終止」。在信託期間，委託人領取股息以支應退休生活；等委託人身故後，這批股票就成為委託人的遺產，再交付給其繼承人。

當然，是否要把所有有價證券，全都納入到信託專戶中，則要看委託人自己的安養需要。有的人的股票是非常多的，且因為放入信託專戶中，要支付信託管理費，所以在初期，也許只需要放足夠退休安養的股票就好（因為退休金數字，很容易算得出來。例如 5,000 萬、6,000 萬元來說，應該就已經非常足夠了）。也就是說，假設當事人股票很多、其他資產也很多，且當事人會碰到 15% 及 20% 的遺產稅課稅級距，就一定會有節稅需求，那我就會建議挑合適的股票來做信託，將其他股票做「分年贈與」。

特別是股票還有「配息穩定」，以及「不配息」的標的之分。我會建議投資人先挑適合做安養的，也就是將有固定配息的股票（通常是傳產股或產業龍頭股），放入自益型的安養信託中；至於分年贈與的標的，通常是資產增值潛力比較高的有價證券（高本益比的股票，但配息不多）。

目前，「本金他益、孳息自益」的有價證券信託，實務上比較不常見，可能原因之一是現在市場利率並不特別高（1.6%），其折現回來的本金還不低，委託人需繳相當金額的贈與稅。

另一個理由則是：持有股票的人，不可能完全靠孳息，就能解決

退休後的所有開銷。只要經歷任何一場大病，就可能需要比較大額的開銷；此外，當人的壽命越來越長了，癌症產生的機會也會高，隨便一個標靶藥物的費用都不便宜。假設罹患重病的話，又不想要小孩來支付時，做一個「本金他益、孳息自益」的有價證券信託，將會成為資金來源的一大限制。

所以，在存活壽命很難預測之下，建議有退休安養需求的存股族，可以做一個純自益的有價證券安養信託。當委託人沒有罹患重大疾病、不需要大額給付，那就領股票配息，也就夠了。但如果需要用錢的時候，就可以把股票（本金）部分賣掉。賣掉後的錢，會進入到安養信託專戶中，可以支付受益人（委託人）大筆的醫藥費、手術後請看護的費用，或是入住養護中心的費用。

注意事項 VS. 衍生問題

1. 有價證券信託依委託人的目的及需求的不同，而有不同的做法。雖然名稱是「有價證券信託」，但實際上會因為委託人的目的及需求不同，而有「純自益」、「純他益」及「部分自益、部分他益（「本金自益、孳息他益」及「本金他益、孳息自益」）」共四種。

根據信託業者的說法，以前將股票做「純他益」型有價證券信託的人，多半是為了「資產傳承」的目的。但實際比較多的案例是「本金自益、孳息他益」，其主要目的，多數是為了節大股東個人的贈與稅。

一位信託業者表示，從事「本金自益、孳息他益」的有價證券信

託，綜所稅是一個優勢，贈與稅當然也是。因為假設客戶有一億的股票，殖利率5%，一年的利息收入就是500萬。這樣非常有錢的客戶，每年贈與的免稅額通常都用光了，贈與這500萬都得要繳贈與稅；但如果用折現的利率來計算，贈與的金額可能只剩下200萬，而不是原先的500萬元。但是這位信託業者也不忘強調，客戶必須「不知道配息的金額」，才能做這樣的股票他益信託，不然就會被國稅局認定，有逃稅的嫌疑。

簡單來說，「純自益」的有價證券信託，多半是為了自己的退休養老的目的；至於「純他益」，其目的最主要是為了「資產傳承」及「節稅」；而「部分自益、部分他益」型，可以是為了「退休安養」，也可以是為了「節稅（主要為贈與稅）」的目的，詳情請見（圖2-7-1、表2-7-1）。

不過，實際情況多半是「將孳息分給小孩子」的案例比較多。這是因為，如果要「孳息自益、本金他益」，委託人需要考慮股權移轉（由小孩繼承），是否會影響到公司經營權的問題（對大股東而言，會擔心經營權過於分散）。且小孩如果又不懂經營時，就可能把股票賣掉什麼的，將會整個公司的決策核心，都變得不穩定。

當然，以上做法，後來國稅局也對「股東是否知悉股權配息政策」，與「股票交付信託時機認定相關利益的影響」訂了些限制條件；但由於法令沒有改，這樣依然可以做，只是信託委託人必須承擔的不確定風險增加了、節稅的空間變少了，且只能在一定條件下可做。

圖 2-7-1 依不同目的成立的「有價證券信託」

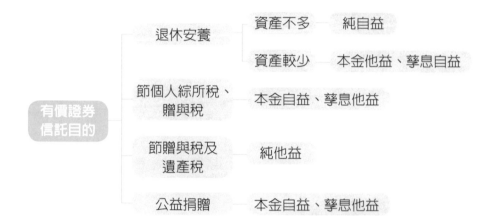

　　2. 目前只有股票（包括在集中交易市場交易的國內 ETF）及債券才能匯入，且其功能及目的，多半是「管理（保全）」及「運用（借券）」，並不在「處分（買賣並創造收益）」。在有價證券信託方面，儘管「有價證券」的定義，是可以包括台股、台債、透過券商買的海外債，以及國內、外基金或 ETF。但是目前，只有委託人買的國內股票，以及透過券商購買的國內、外債券，可以直接匯入到銀行信託專戶（有價證券信託）。假設委託人在其他家銀行或投信，所購買的基金或 ETF，必須先行贖回，再投入到信託帳戶中（也就變成了金錢信託，而不是有價證券信託）。

表 2-7-1 四種有價證券信託的功能、問題、建議

類型	功能	
自益型	退休安養	
他益型	・資產傳承：想先贈與股票給子女，又想兼顧對股票的掌控權 ・省遺產稅：就高資產客戶而言，可透過他益有價證券信託安排分年贈與，以節省未來遺產稅	
本金自益、 孳息他益	・省贈與稅：因為信託股票財產的孳息，會依「郵局一年期定期存款固定利率折現」計算，可能產生節省贈與稅效果 ・公益捐贈節稅：公益捐贈可以列入個人綜合所得稅中「列舉扣除額捐贈項目」的減項	
本金他益、 孳息自益	資產傳承及退休安養	

製表人：李雪雯　資料來源：國泰世華銀行

　　事實上，就算是同一家銀行所買的基金或 ETF，也不能直接成立有價證券信託。但根據個人四處詢問的結果，理由可以說是「眾說紛云」，從「特金的目的是投資，安養信託的目地是退休安養，兩者目的不同」、「投資透過銀行買基金，只是拿到受益憑證，所有權不是投資人而是銀行」、「基金不像上市櫃公司股票，並沒有進入集保公司，所以無法移轉到信託帳戶，且未進入集保的有價證券，恐會有真偽認定的問題」、「銀行特定金錢信託與一般安養信託的電腦系統不連線（這一點還算是個理由，但也同樣未考慮民眾的需求），一直到「投信投顧公會為擔心洗錢，所以規定基金申購人與受益人必須是同一人，假設基金入了信託專戶，基金的受益人就變成受託銀行，而可

可能問題及建議
選擇高配息的股票，搭配安養信託作為養老財源；至於不配息的股票，若有傳承需求，則可考量安排分年贈與
分年贈與的有價證券，最好是未來價值有大幅上漲潛力的標的，且在股價相對低檔時贈與（或安排他益信託）
・股息課徵贈與稅：必須在成立契約時，就明訂立信託期間，以利國稅局依稅法規定，折現計算贈與的信託權利價值，並核課贈與稅 ・高殖利率股票較具省稅效益 ・須注意財政部實質課稅函令規定（例如：委託人在信託前，並不知道公司的配息政策，對公司股利政策無控制權等）
本金要課徵贈與稅：贈與（本金他益）部分，因為國稅局要核定贈與稅，必須在成立契約時，就要訂立信託期間

能會與申構人『不同一人』」……都有。

但目前唯一可以確定的理由，就是「銀行內部 IT 系統不相連」。受限於各家銀行電腦系統問題─信託與特金的 IT 系統是無法相連的。所以，就算委託人在同一家銀行買基金及 ETF，且在同一家銀行開立有價證券信託，也必須先將基金及 ETF 贖回，再匯入到信託專戶中。目前據了解，政府相關單位正在與各家金融機構共商，以及開發可攜式有價證券，以提供民眾更便利的服務。

3. **不是每一家銀行都有做，且業務類型也有局限。**過去有價證券信託有兩大目的，其一是為了「財富（資產）傳承」，就是委託人現

在想要對股票保有控制權，所以，便透過信託的方式給下一代（完全他益信託）；其二是是「節稅」考量，將股息分年贈與給子女，以節省自己的所得稅（本金自益、孳息他益）。儘管現在及未來，許多存股族也許會希望透過有價證券信託的「本金他益、孳息自益」方式進行。但根據業者說法，目前比較常見的，還是以「資產傳承」及「節稅」為目的的有價證券信託，比較少見以「退休安養」為目的，而成立的「本金他益、孳息自益」有價證券信託。

至於剛才提到的「本金他益、孳息自益」的有價證券信託，為何會很少見？部份原因在於為了折現計算要課（贈與）稅的金額，信託契約必須明訂信託期間年限。但實務上會面臨的問題是：一般人的壽命或有多久，根本無從預測，時間若訂的太短，孳息將會不夠養老。

4.為退休安養為成立的有價證券信託，標的配息最好具「穩定性」；而為節稅目的而成立有價證券信託，最好是「成長型股票」，或是具有「高市值及高殖利率」的特性。

我想再三請讀者們更加注意，小心「存股」別成變「存骨」！這是因為存股族，就是想要靠所持有股票的固定配息，來過退休生活。所以，股票配息的穩定性，將是成立有價證券信託者，最重要的選擇依據。否則，退休族很有可能「存股」不成，反而變成「存骨（存到「屍骨無存」，代表既沒有股息可領，股價也同時下跌）」。

然而，人非神仙，不可能預知一家公司，能否長久維持穩定的配息，或是股價在除息之後，永遠都能夠「順利填息」。這個時候，想要透過安養信託進行資產保全，同時照顧自己退休生活的存股族，可以試試以下兩大原則。

安養信託［實例篇］

（1）儘量別選個股，而選擇基金或 ETF，以分散投資風險。這是因為每一家上市、櫃公司的股價，都持續在變動中。本來很好的公司，後來也可能因為產業的競爭，慢慢變得不好。所以，如果是以退休的目的來講，基金或 ETF 可能比挑個股，要更適合或穩當一些。

且不論是基金或 ETF，都會有一定的篩選及管理機制。凡是不適合的標的，就會被排除掉。不會像買個股，可能會有下市或不配股的風險。所以，假設當事人希望配息穩定，建議去找尋及選用配息穩定的 ETF 為標的。

（2）建議民眾在退休金累積期間，其實可以選擇「不配息」的標的，以創造較高的報酬率；而在正式退休、定期領取生活費期間，再選擇有穩定配息的有價證劵。

這是因為在退休金累積期間，民眾多半有一筆固定的薪水收入，並不需要靠配息，來支付日常生活的各項開銷。且就算是將配息再投入，投資人還會有「配息可能要課稅（個人綜所稅及健保補充保費）、「（配息）再投資成本」，以及「再投資時價格過高的風險」。正因為多了以上的成本及風險，以不標榜配息的 0050，及標榜配息的 0056 ETF 為例，同樣從 2007 年至 2023 年（共 17 年）的年化報酬率來看，0050 是 6.1%，但 0056 卻只有 3.6%。以上比較數值，值得「一心只想存股」的民眾們參考。

除了「配息的穩定性」外，目前股票信託還有一個問題：所有股票在交付信託時，就會被先課稅。可是，當股價同時下跌，由於課稅是算年期，你多少年後的本金或獲利，是會折現的。所以，用這類「非成長」型股票成立信託的人，就不見得划算。像之前那些股王、股

后，股價好幾千元，到後來變100、200元；或是員工配股時，股價是600、700元，等到真正開始執行的時候，股價就只剩下200、300元。由於成立信託時的課稅，是按課的時候的價格先課所得稅。也就是說，一旦實際股票到手時，價格下跌很多，就會變成是另外一種有價證券信託的風險。

正因為有這一層風險，個人建議若是適合贈與的（例如未來股價有較高上漲空間的「成長股」）的標的，又想要進行有價證券信託，那麼，就找一個股票低檔的時候，提早贈與給子女（或安排他益有價證券信託，指定子女為受益人），因為現在低檔時贈與，贈與稅比較少；贈與之後股票上漲，所有利益也是小孩的。

另外，以節稅為目的的「本金自益、孳息他益」型有價證券信託為例，想要具有較高的節稅效益，信託標的最好具有「高市值及高殖利率」的特性才好。

其中，「高殖利率」是因為計算贈與稅的公式裡，折現率是依「郵局一年定存利率」為準。所以，當殖利率減去「郵局一年定存利率」後的數值越高，越具有較高的節稅效益（簡單來說，折現的利率差異大，差異越大節稅效果越好）。至於高市值的客戶，節稅的「絕對金額」也會越高。

5. 若以節省贈與稅為目的，委託人須約定「無保留變更受益人及處分信託利益」的權利。事實上，只要涉及「他益」的信託，在成立時，就都要課贈與稅。根據信託業者的實務經驗，約有99%的客戶，都是選擇「無保留變更受益人及處分信託利益」的權利。換句話說，客戶會急著透過信託進行贈與，就是他也不想留太多遺產，想節一些遺產

安養信託【實例篇】

稅，才會選擇善用分年贈與的方式節稅。所以，他在做信託時，都會選擇「無保留變更受益人或處分信託利益」的權利。這時候，國稅局會在信託成立時就課稅。這部分股票，雖然是贈與給小孩子，但他還是擁有掌控權。只是這部分股票，已經不是當事人的遺產了，所以當他身故後，就不用列入其遺產當中。

但要記得：只要信託牽涉到他益，不論是純他益，或是「部分他益」，都會有稅負的問題。也就是說，只要是本金或孳息的受益人不同，都要先送國稅局信行「核稅（確定贈與有價證券的價值）」，也就是委託人，必須在信託契約設定「信託期間」，再以此期間為基礎，依不同有價證券的計價基礎試算（請見表2-7-2，試算涉及他益的權利價值，以及相關的贈與稅賦計算方式請見圖2-7-2、圖2-7-3、圖2-7-4）。

表 2-7-2 不同的有價證券—進行課稅的計價基礎

項目	計價基礎
上市、櫃股票	收盤價 × 信託股數
興櫃股票	當日或最近營業日日均價 × 信託股數
未上市、櫃股票	資產淨值（公司每股淨值 × 信託股數）

資料提供：邱奕德

圖 2-7-2 「純他益」、部份比例他益—計算贈與稅

他益權利價值計算 – 全部／比例他益

◆ **委託人交付下列財產成立信託**：存款 200 萬元，上市櫃股票 50 張（收盤價 20 元／股），未上市櫃公司股票 60 張（公司淨值 15 元／股），房屋市價 2,000 萬元（土地公告現值 400 萬元，房屋評定價值 200 萬元）。

◆ **情況一**：若指定受益人為兒子，請問應繳多少贈與稅？

◆ **情況二**：若指定受益人及受益比例為：自己受益 30%、配偶受益 30%、兒子受益 40%，請問應繳多少贈與稅？

（假設：委託人免稅贈與額尚未使用）

信託財產時價：

存款	200 萬元
上市櫃股票	100 萬元
未上市櫃股票	90 萬元
房屋	600 萬元
合計	**990 萬元**

【情況一】（990 萬元 – 244 萬元）×10% = 74.6 萬元

【情況二】夫妻贈與不計入贈與總額（990 萬元 ×40% – 244 萬元）×10% = 15.2 萬元

資料來源：邱奕德

圖 2-7-3 「本金自益、孳息他益」―計算贈與稅

他益權利價值計算 – 孳息他益（孳息不固定）

◆ **信託架構**：本金自益、孳息他益
◆ **案例**：父親以時價 5,246 萬元股票信託 3 年，3 年期間股利由子女受益，3 年後信託到期，受益人將股票返還予父親。

父親享受的本金利益：5,246 萬元，現值 5,002.1 萬元
子女享受的孳息利益：243.9 萬元 ≦ 244 萬元免納贈與稅

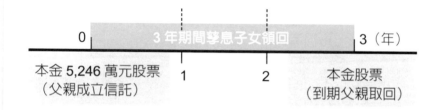

本金時價 5,246.0 萬元	（本金以郵局 1 年到期利率 1.60% 折
ー 本金現值 5,002.1 萬元	現 3 年，PVIF（1.6%,3）＝ 0.9535）
孳息現值 243.9 萬元	

資料來源：邱奕德

圖 2-7-4 「本金他益、孳息自益」—計算贈與稅

◆ **信託架構**：本金他益、孳息自益
◆ **案例**：爺爺以價值 1,000 萬元之上市櫃股票，成立本金他益孳息自益的股票信託，信託期間 20 年孳息由爺爺受益，信託到期終止時，信託的股票全數移轉予孫子受益。

◆ 孫子享受的信託利益（本金）：現值約 813.3 萬元
· PVIF（1.6%,20）＝ 0.7280，1,000 萬元 *0.7280 ＝約 728 萬元
· 應繳贈與稅約（728 萬元－244 萬元）*10% ＝ 48.4 萬元

20 年期間股票孳息由爺爺領

爺爺交付 1,000 萬元股票成立信託

股票於信託結束時移轉予孫子

資料來源：邱奕德

6.本金及孳息是不同受益人，在信託期間，股票非有必要不要賣。不論是純自益或他益的有價證券信託，委託人是可以隨時買賣的。因為委託人，本來就可以保留信託財產運用決定權。所以，委託人本就可以指示受託銀行，進行股票的買賣。正由於股票不會永遠一路漲，假設在景氣好、股價在波段高點，該賣還是要賣。

只不過，如果本金及孳息的受益人不同的話，信託業者反而會建議客戶：在信託期間，股票非必要，就避免任意買賣。這是因為以股票孳息他益信託為例，出售股票所賺的資本利得是屬於委託人的，出售後的資本利得通常就會先返還給委託人，這有可能會使孳息受益人，

未來可拿到的孳息變少。

那麼，買賣有價證券信託獲利的稅有哪些？

其實在信託專戶裡買賣股票，相關的證交稅（千分之三）等，都是從信託專戶中扣除。如果有配息，受託銀行就會轉開扣繳憑證給受益人，供受益人申報個人綜合所得稅之用。當股票賣出之後，委託人也可以將這筆錢存定存，或是買基金、ETF 等，且這些產生的收益，則全部是受益人（例如自己或小孩）的。而中間賣出股票，是不會再有什麼贈與稅的問題，因為股票一進入信託專戶，就已經先核課過贈與稅了。至於賣掉的股票，錢都會進入信託專戶。未來要怎麼給受益人（小孩），例如是否要馬上直接付給受益人，則要視信託給付怎麼約定而定。

7. 信託期間設定並非只能設定 3 年。早期國稅局對於 3 年以下的股權信託，原則上意見會很多。因為國稅局認為，信託期間只有 3 年，目的很明顯就是為了「避稅」。

然而，根據一位實際幫客戶，規劃有價證券信託的專家表示，假設是節稅需求的有價證券信託（例如「本金自益、孳息他益」），一般設定的年限若超過 5 年，就很容易面臨上市、櫃公司股票股價，由於經營瓶頸難以突破、股價下跌，而有「節稅破功」的風險（因為贈與稅會先在股價位於高點時課稅）。而這，也是多數「本金自益、孳息他益」有價證券信託期間，不會設定太長的原因之一。

8. 如果轉讓超過 1 ／ 2 董監的問題，還有公司內部人的問題。假設委託人是上市、櫃公司的「內部人」，也就是董事、監察人，或是

高階經理人、持有 10% 股權以上的大股東，那麼，他們就是屬於《證券交易法（簡稱「證交法」）》中所謂的「內部人」身分。且《證交法》有規定，內部人在進行股票轉讓時，都需要經過申報。由於交付信託，也是一種股票的轉讓。所以在成立有價證券信託時，也需要進行申報。

且《證交法》中，關於轉讓申報的一個規定是：在擔任董、監事期間，當事人如果股票轉讓超過選任董監時持股的 1 ／ 2 時，就會被解任。所以，如果委託人交付信託的股數太多，超過選任時的 1 ／ 2，同樣也會面臨「被解任」的問題。所以在此要特別提醒：如果是上市、櫃公司的董、監事，在交付信託的時候，不能交付太多上市、櫃公司股票。且特別值得注意的是，此項規定，不論自益、他益、部分自益及部分他益型的股票信託，都一律適用。

9. 小心避稅不成，反有逃稅嫌疑。儘管「本金自益、孳息他益」的有價證券信託，多半是為了節高資產族群（特別是上市、櫃公司大股東）個人所得稅及贈與稅。但是，由於近幾年國稅局，會加強進行稽查，所以信託業者不免再三提醒，想要成立他益型有價證券信託的客戶，最好是「對公司股利政策無控制權，或於信託前未知悉公司配息政策者」，以免被國稅局判定有「逃稅」的嫌疑，未來還有可能得補稅及罰款。

10. 存股族還可透過「借券」業務，創造更多收益。對於「股票只進不出」，也就是「只想固定領股息，但不想賣掉一張股票」的存股族來說，除了定期所領取的股利之外，其實還可以透過「借券」的方式，替自己創造更多的收益。

　　所謂的「借券」，其專有的全名是「有價證券借貸」，也就是握有有價證券的人，可以將手上的股票，出借給有借券需求的投資人。對於借券的投資人來說，其目的可以是避險或套利，但是對於「出借」股票的人來說，則可以從中，獲得以「日」計算的借券利息。

　　特別是對長期持有股票，或甚至是「不想賣任何一張股票」的投資人來說，就更適合利用出借股票，以賺取額外的利息收入，如果再加上原本定期的股息收入，還能更有效提升獲利。由於借券執行後，到返還股票及擔保金，所需要的工作天數為 1 ～ 3 天（視券商作業時間而定），因此，並不適合短線投資人。

　　目前，借券還有分「信託借券」及「雙向借券」兩種。其中的差別在於：「信託借券」主要是透過信託的方式進行出借，且出借股票的數量，至少要數十張，且股票價值要達到百萬元以上，承作門檻相對較高。對於出借股票的存股族來說，股票出借後依然可領取股息收入，又可同時獲得額外的借券收入。且這筆出借收入，因為屬於「租賃所得」，出借人（股票持有人）不需要額外繳交二代健保保費，但因為有利息收入，必須計入個人綜合所得總額中（單筆出借收入大於 2 萬元時，信託業者將代扣 10% 所得稅）。

　　就個人了解，目前在借券業務上，較為積極且業務量較大的，多半是證券商，其中又以元大、永豐金、國泰及凱基證券最為積極。至於銀行信託部門，則是以玉山、台新及永豐等幾家銀行。

如何計算借券收入？

由於借券是按「日」計息（股票出借利率的法定的區間是 0.01% ～ 16% 之間，由出借人自行決定或是交由券商決定），股票出借之後，券商會從中收取 20% ～ 30% 手續費（各券商手續費有所不同），借券收入扣掉成本後所剩餘的，才是實際的借券收入。其借券收入及成本計算方式如下：

A. 借券收入＝出借股數 × 每日收盤價 × 成交費率 × 出借日數 ÷ 365。

B. 借券成本＝借券收入 × 手續費率。

C. 借券淨收入＝借券收入（A）– 借券成本（B）。

舉例來說，股票持有人出借 10 張股票（1 萬股），假設平均收盤價 50 元，借券費率為 3%，總共出借 10 天，該券商出借手續費 20%，因此借券收入計算如下：

A. 借券收入＝ 10,–000（股）× 50（元）× 3%×10（天）÷ 365 ＝ 411 元。

B. 借券成本＝ 411 元 × 20% ＝ 82 元。

C. 借券淨收入＝ 411 元 –82 元＝ 329 元。

圖 2-7-5 「出借」型有價證券信託架構

資料來源：國泰世華銀行

透過信託方式贈與股息，節稅效益怎麼看？

　　假設某甲，想將市值 5,000 萬元股票的股息（預估殖利率為 4%），分 5 年贈與給獨子，以降低個人綜所稅的稅金負擔，且當年度贈與稅免稅額 244 萬元已使用。如果某甲沒有安排信託方式，每年所繳贈與稅（稅率 10%）是 20 萬元，5 年總共是 100 萬元。但是，如果透過信託方式贈與，5 年總共可以省下 618,500 元的稅負，詳細計算請見（表 2-7-3）。

表 2-7-3 透過信託的贈與稅—計算節稅效益

股票期初市值	50,000,000 元
股票現值	46,185,000 元
原應繳贈與稅	1,000,000 元
孳息（＝期初市值－股票現值）	3,815,000 元
需繳贈與稅（＝孳息 ×10%）	381,500 元
節省稅負（原應繳－需繳）	1,000,000-381,500 元＝ 618,500 元

製表人：李雪雯

Chapter 3

案例

信託可說是一道橫亙在你，與個人資產之間的防火牆，既可讓資產不會受到國家各項稅務、法律訴訟、甚至是親朋好友的制肘，也能避開一切不必要的干擾……。

在面對少子、高齡化社會的未來，不論你是否有子女可依靠，在此都要建議你不妨透過專業機構，來建立資產信託，如此既可保護並分散管理財產，也可幫自己量身訂製最適合的信託藍圖。

3-1 準備退休，但面臨「躺平族」兒子 不斷要錢

——有苦無處訴的楊媽媽

現年 60 多歲，即將退休的楊媽媽，有一位近 30 歲、已婚、育有一個小孩，但目前完全不工作的大兒子；以及一位 20 多歲，患有身心障礙的女兒。可以這麼說，楊媽媽的一兒、一女，從小到大都沒讓她省心過。

由於小女兒出生後，就是身心障礙者，這也是楊媽媽努力存錢、買下兩間房子（一間店面出租，另一間房子自住），並以自己為被保險人、女兒為保單受益人，投保了高額死亡險的原因。

至於大兒子，則是時下流行的「躺平族」兼「啃老族」，不出門工作也就算了，還時不時要老媽把保單解約，以便讓他「在家專門投資股票」。除此之外，大兒子平日還會威脅媽媽說：「財產向來就只有兒子能分，女兒不能分，且長孫要多分一份才行」。

但是，楊媽媽完全不同意這種說法，認為兒子、女兒都是她生的，沒有道理只分給兒子，不分給女兒。所以，她就一直不肯提早分財產。卻也怕大兒子每天要她賣財產，供他去做「專業投資人」……。

建議做法

　　由於楊媽媽有許多動產（主要是保單）及不動產，很怕兒子每天「盧」自己賣房子、賣保單，給他去投資股票。為了不再受制於兒子，最好的方法，就是拿所有財產去「信託」。但實際的做法，還必須因不同的人（楊媽媽本人及其子女）而有不同，請見（表 3-1-1）。

表 3-1-1 不同財產交付信託—優、缺點

	優點	缺點
金錢	· 專款專用 · 財產保全	· 多支付一筆信託管理費，但至少還有定存及活存的利息收入，可以支付信託管理費 · 委託人對這筆財產，已無控制權，不能隨時動支
保單	· 專款專用 · 可指定信託監察人，確認資金的運用，是否符合委託人原意	多支付一筆信託管理費
不動產	財產保全	· 若要出租，收入資料就會公開，且所要繳的稅負也會增加 · 委託人對這筆財產，已無控制權，不能隨時處分或抵押設定或借錢 · 多支付一筆信託管理費

製表人：李雪雯

　　1. 保單部分。為了避免啃老的兒子，一次拿到一大筆錢後就不工作，且較可省下信託管理的前提下，是可以考慮將保單進行「分期給付」（也就是所謂的「保險金分期給付」）。至於女兒的部分，假設想要保障身心障礙的她，不致於因為照顧的媽媽不在了，而喪失所有

依靠，就千萬不要想要為了「節省信託管理費」，只做「保險金分期給付」，應該（一定要）做「保險金信託」。

因為楊媽媽最擔心的，正是自己過世之後，誰來照顧這位身心障礙者的老二？而保險金信託的最大優點就是：但可以在信託中設立信託監察人，協助確認每一筆給付，都有真正運用在沒有行為能力的受益人身上，但儘管要支付一些費用（信託管理費，或是可能的信託監察人費用），請見（表 3-1-2）。

表 3-1-2 保險金分期給付 VS. 保險金信託—優、缺點

	保險金分期給付	保險金信託
性質	保單（有信託「定期給付」的功能，但並非信託業務）	信託
處理方式	新保單可在投保時約定；舊的保單可以透過批註方式，變更為分期給付	預開型信託（信託尚未成立，待事故發生、保險公司支付理賠金，並匯入信託專戶中，才正式啟動信託）
優點	只需要向保險公司批註即可，不用再多支出一筆信託管理費	可以在信託中設立信託監察人，協助確認每一筆給付，都有真正運用在沒有行為能力的受益人身上
缺點	假設受益人沒有行為能力，或是對金錢沒有良好的控制能力，保險金分期給付完全無法解決問題	因為屬於信託業務，所以，每年會有一筆信託管理費（但因為屬於預開型信託，所以在保險理賠金，未正式匯入信託專戶中生效前，還不用支付相關費用）；且如果是找公益團體或法人擔任信託監察人，也需要額外支出一筆信託監察人的費用

製表人：李雪雯

2. 不動產部分。不動產租金也可以納入信託中，並指明將租金收入，支付給受益人（楊媽媽），以做爲退休後的日常生活之用。另外，再請楊媽媽預立遺囑，並在遺囑中指名不動產分配的方式（一、二樓給兒子、三、四樓給女兒），也可以特別應楊媽媽的要求，在遺囑中寫「不留給長孫」（事實上，《民法》也沒有說長孫是楊媽媽的繼承人。會寫這一條，主要是可以安楊媽媽的心）。

3. 股票、基金與現金部分。現金估算約還剩下 400 萬元，股票與基金的淨值，大約還剩 400 萬元，可以納入到媽媽的自益型安養信託專戶中。且由於楊媽媽不擅於投資，建議可以委由專人（專業投資顧問）協助處理、讓資金繼續「長大」，以便支應未來年齡越來越大後，可能產生更多的醫療或照護費用。

3-2 單身，擔心未來退休及身後事
——社會菁英，但卻始終危機感爆棚的郝醫師

55 歲的郝醫生，目前單身、膝下無子女，所以很擔心未來退休安養的問題，以及退休後的生活照顧。

還有，正因為沒有子女，他也希望身後財產都能捐做公益……。

建議做法

1.**照顧自己（安養照顧）部分。**由於郝醫師的目的很清楚，也很簡單。他主要是要保障自己，未來的生活有錢可以花。然後，生病的時候，保險金都可以用在自己身上。且保障他過世後，後事也有人幫他處理。

至於放在信託專戶裡的錢，其中的一半可以先投入定存，以提供郝醫師最低的生活保障；其餘資金為了打敗通膨，則可與 AI 理財機器人結合，進行定期定額的長期投資，以便讓信託資產持續變大及變多。

如此一來，預計郝醫師在 65 歲退休之後，每月可從信託專戶中，支付他 6 萬元做為生活費（定期支出）；每年特定時間支付 20 萬元，做為他的旅遊費用（特別支出）。

2.**公益遺愛部分。**由於郝醫師沒有家人，他希望身故之後，剩餘

的財產，都捐給常往來的教會，所以把信託剩餘財產的受益人，設定爲此一教會。且在立遺囑時，預先指定一位遺囑執行人。等拿到完稅證明之後，受託銀行就可依照郝醫師的願望，支付信託剩餘財產給指定的受益人（教會）。

3.資產保護及隔離部分。爲了因應醫師生活及醫事工作上的諸多意外風險（例如被有先人詐騙，或是醫療糾紛），可將其每月薪資，扣除必要生活費後的餘額，全部匯入到信託專戶中，透過「增加提領困難度」的方式，避免他因爲詐騙而造成財產損失。此後，信託契約就會將安養照顧的資金，進行集中管理及運用，並且依照郝醫師所設定的安養照護目的，進行「專款專用」。

當然值得一提的是，在郝醫師成立這個自益的安養信託後，未來一旦發生醫療糾紛，且債權人向法院申請假扣押時，由於在信託裡面的財產，是登記爲銀行（受託人），就得以不被法院扣押。只不過，如果郝醫師在信託期間，指示將信託財產匯入他的個人帳戶，在假扣押尚未消滅的前提下，匯到他個人帳戶中的金錢，還是有可能會被凍結的。

至於郝醫師的兩棟房子，都放入信託專戶中，目的同樣是爲了「資產隔離及保全」。但是，其中一棟房子，可以委由合作的物業管理公司租出去。而租金收入，則同樣進入信託專戶中，做爲日後退休生活及安養費用的來源。

表 3-2-1 針對當事人（郝醫師）需求擬定之信託規劃重點

需求	信託規劃重點
資產保全	將其每月薪資，扣除必要生活費後的餘額，全部匯入到信託專戶中，透過「增加提領困難度」的方式，避免他因為詐騙而造成財產損失
安養照護	將現金及保險金，統一匯入信託專戶中，以進行集中管理運用： 1. 繳交失能、失智險保單的保費 2. 剩餘一半的財產存定存，做為未來退休後的「保命錢」 3. 另一半財產以定期定額方式，進行長期性的投資，以穩健累積更多退休金
公益遺愛	1. 將未用完的信託剩餘財產受益人，設定為此教會 2. 由郝醫師另外立一個遺囑，並指定一位遺囑執行人。等拿到完稅證明之後，銀行再支付信託剩餘財產，給指定的受益人（教會）

製表人：李雪雯

| 案例 3 |

3-3 身懷大筆退休金，但又擔心子孫口蜜腹劍

——一心想要天倫之樂的王奶奶

68 歲的王奶奶，雖然有兩個兒子，以及 6 個孫子女，但卻幾乎不來看她。所以，她想藉由信託規劃，既能按照自己的意願，來處理資產及後事（把錢留給兒子），同時又能享受天倫之樂。

建議做法

1. 資產隔離、保全及管理運用。王奶奶用 3,000 萬元資產，做一個「到期續存」的定存，其目的是「資產保全」。

2. 保單部分。把所有自己的保單，都設定到信託專戶中，並指定長照中心，做為啓動安養照護的住所。

3. 不動產部分。將三棟房子交付信託，並委由與信託業者合作的物業管理公司代爲出租。

4. 有關「希望兒子、孫子來看她」部分。信託的委託人是王奶奶，但是契約有「但書式」的設定「受益人」。也就是當受益人，沒有達到原訂的一些標準，就不會得到某一筆遺產。

且在信託契約中，訂一個「到期指示日」。信託後，兒子每年至少兩次，帶著孫子與王奶奶相聚。且在洪奶奶身後（過世後），兒子

要幫她做一個有親友來祝福的告別式。

而信託監察人（「老人福利聯盟」），就會代替王奶奶進行監督：確定「王奶奶的兩個兒子，每年至少兩次，帶孫子去看她」這件事情是否有發生？如果有的話，受託人（銀行）才會把她剩下應繼分的財產（現金、不動產及保險金），交給指定的信託受益人。

假設以上一點未被執行，則所有現金、不動產及保險金的應繼分（因為她的兒子，依法至少可以拿到王奶奶遺產的「特留分」，至於「應繼分」部分，王奶奶則有權進行分配）部分，將會全部送給公益團體。

| 案例4 |

3-4 坐擁台北市精華區透天厝，卻只能
靠老人年金過活

——晚景淒涼的侯姓老夫妻

一對70、80歲，在台北市擁有一、二、三樓透天厝的侯姓老夫婦。儘管坐擁高價不動產，但很遺憾的是，兩夫妻之前沒有存到多少退休金。所以，兩老現在每月，就是依賴老人年金，以及手中不多的現金老本，過著縮衣節食的生活。

且更麻煩的是：由於透天厝已經非常老舊，要完全配合兩老的退休安養，還必須花點錢，將房子重新整修為更適宜退休居住的處所。但，兩夫妻已經沒有固定現金流了，更何況是「另外掏錢出來裝修老房子」？

老夫妻其實有兩個兒子，但都因為在中、南部工作，沒有同住在一起。而且，由於兩個兒子的工作收入不是很理想，對於兩老的日常生活及老屋裝修的費用，也沒有太多能力可以「提供資助」。

事實上，像老夫妻這樣的案例，特別是在大都會「蛋黃區」中非常常見——屋主辛苦打拚了一輩子，好不容易掙得一筆價值可觀的房地產。只是，手中卻沒有其他恆產，可以讓他們過上無虞的退休生活。

雖然兩老能把名下唯一一棟最值錢資產，變現出一大筆退休金，但他們說什麼也不願意搬遷。因為，他們已經在現址，生活了五、六十年，完全不想搬到人生地不熟的地方去住。

既然賣屋養老走不通，也許很多人，很快就想到：可以把這位於北市「蛋黃區」的房子，拿去「以房養老」。但是，儘管以房養老，可以解決他們「沒有固定現金流」的問題，卻得不到兩個兒子的支持。

　　理由很簡單，他們還希望能順利繼承這棟透天厝。且原本生活就不是頂好的兩個兒子，未來也不見得有那麼多錢，可以將進行逆向房貸的透天厝「贖回來」。

建議做法

　　針對這位老夫妻的各項需求，提供以下兩大相對應的解決方案：

　　1.將三層透天厝做「建物分割」。一間房子，就是一個「建物權狀」（土地及房屋各一張權狀）。根據目前法規，透天的房子只要符合消防，以及建管的相關規定時，就可以做建物分割。當建物分割之後，透天厝就會變成三間房子，分別擁有獨立的產權、獨立的門牌號碼，以及獨立的建號。如此，屋主就可以單獨地進行買賣及處理。

　　(1)藉由「建物分割」，其實會對當事人（老夫妻）有兩大優點：其一是一棟房子變成三間房子，老夫妻就可以住在一樓、不用搬離原址，順利解決了他們習慣住在原來生活環境的需求。且由於三間房子，都有獨立的進出口，也不會影響老夫妻平日的生活作息。

　　2.解決兩夫妻「沒有充足固定現金流（退休金）」的問題。先把三戶中的一戶（三樓）賣掉，就可以把一部分的錢，將二樓則隔成套房出租，以便讓老夫婦擁有「被動收入」。當然在此同時，也得記得

把這筆定期租金收入，成立一個（金錢）信託，才能確保二樓出租收益，都能「專款專用」在兩老身上，細節請見（表 3-4-1）。

表 3-4-1 建物進行分割—重點整理

優點	附帶提醒
·一棟房子變成三間房子，老夫妻就可以住在一樓、不用搬離原址，順利解決了他們習慣住在原來生活環境的需求 ·解決兩夫妻「沒有充足固定現金流（退休金）」的問題：先把三戶中的一戶（三樓）賣掉，再把一部分的錢，將二樓則隔成套房出租，以便擁有「被動收入」	把這筆定期租金收入，成立一個金錢信託，以確保二樓出租收益，都能「專款專用」在兩老身上

製表人：李雪雯

（2）其次，則是要替沒有多少現金的子女，預先考慮高額遺產稅的問題。以位在台北市精華區的透天厝為例，小孩的遺產稅，有可能會「繳不完」。如果把三樓透天厝「化整為零」，對屋主而言，是有「節稅」機會的。

一般以台北市長安東路二段為例，公告現值，大約是市價的 6 折。以三樓（間）房子地坪 50 坪為例，若公告現值是每坪 120 萬元時，這一棟三樓透天厝的公告現值就是 6,000 萬元。

假設遺產稅免稅額＋扣除額（配偶尚存）是 2,000 萬元的話，計入遺產的淨額是 4,000 萬元。以 10% 稅率為例，子女就要繳 400 萬元的遺產稅。這兩位老夫妻，手中已經沒有現金了，子女也沒有多有錢，未來怎麼可能去繳 400 萬元的遺產稅？

但如果先做了建物分割，並提早把其中一戶賣出，整體資產就少了 1／3 的價金，只剩下 4,000 萬元，減去以上的 2,000 萬元，子女可能就只需要繳 200 萬元的遺產稅。

當然，賣掉房子的現金收入，也得要規劃。以目前房價來看，一戶賣個 3,000 萬元，並不是什麼難事。當然，假設當事人未事先規劃的話，未來該繳的遺產稅，也還是跟沒有提早賣出一戶的結果一樣，並不會減少。

在這部分，可以善用「每年每位小孩 244 萬元（2023 年適用）」的贈與稅免稅額，採取「提早分年贈與」的方式；也可以將拿到的 3,000 萬元，因為夫妻互相贈與免稅，可以先分一半給妻子，剩下 1,500 萬元，則利用「夫與妻每年都有 244 萬元」的方式，贈與給小孩。

當然，不動產的規劃，還要看屋齡有多久？由於這房子已經非常舊了，賣掉要繳的土地增值稅會非常多。因為單是屋齡 50 年以上、50 坪的透天厝，光是土地增值稅的課稅依據，可能就高達 600 萬元（假設 50 年前，公告現值可能一坪才 5 萬元，現在則是一坪 120 萬元）。

這 600 萬是整棟透天土地面積的增值稅，出售三樓只需要繳納 200 萬的增值稅（按一般稅率），若再申請一生一次的優惠稅率（自用稅率 10%），三樓的增值稅，就只需繳納 35 萬的稅賦。剩餘的一、二樓增值稅，則可以留待老先生「百年」之後，先由子女繼承再出售，就能夠將稅賦計算的成本，墊高至老先生死亡那一年的公告現值。如此一來，增值稅就不至於太多了。

另外，雖然三樓賣掉了，現金可以採「分年贈與」的方式節稅。

但是，原先老夫妻自住的一樓，以及出租（留房養老）的二樓，未來也會成為老夫妻的遺產，而向兩個兒子課徵遺與稅。

這個時候，老夫妻現在就將不動產，採分年贈與的方式，也會面臨兩難：一是怕過戶給小孩，兩老最後落得沒地方住；二是日後子女要賣出，因為取得成本低，反而會有過高的房地合一稅。所以，透過不動產（保全）信託，反而是比較好的解決方式。

儘管在節稅上，不動產信託沒有太大的節贈與稅效果（國稅局會依不動產公告現值，依折現方式計算贈與稅，也許會多一點節稅的空間），但它在資產管理上，卻有以下兩大助益，細節請見（表 3-4-2）。

表 3-4-2 不動產是否採用「分年贈與」—考量重點

	優點	缺點	建議
分年贈與	可以減少子女未來所繳遺產稅	·怕過戶給小孩，兩老最後落得沒地方住 ·之後子女若要賣出，因為取得成本低，反而會有過高的房地合一稅（若採新制者）	搭配不動產（保全）信託
身後繼承	不動產成本墊高，若子女繼承後賣出，可能可以少繳土地增值稅	遺產稅可能會不少	透過繼承，讓土地增值稅降低，或者「歸零」

製表人：李雪雯

承上所描述，這是可以**避免小孩拿到不動產，卻把兩老「趕出門」**

的情形發生。再者，則是避免小孩在父母失能或失智，或利用情緒勒索的方法，輕易把父母賴以居住及生活（被動性收入）的不動產「賣掉」，或轉爲己有。

當然，老先生所以擔心的問題，不只是在其生前，也可能包括其身後，另一半的退休安養及照顧問題。所以爲了要解決先生過世，房子由兒子繼承，會把媽媽趕出門的情形，也可以善用遺囑信託來提供保障。

至於其設計內容是，先生規劃一份遺囑信託，將房產進行分配：在其身後，先將一、二樓交由受託人（銀行或者自然人），等到其「百年」之後，再將一、二樓交給兩位兒子。並且再設置一位信託監察人，以便讓太太能夠安心住在原址；同時，二樓租金也都有持續交給太太使用。之所以要做遺囑信託，是因爲假設先生只是立遺囑，除了分配一、二樓的歸屬之外，「要求兒子繼續讓太太住一樓，並且將二樓出租所得，做爲太太的生活費」的要求，就只有道德勸說的功能。

但是，由於老先生已經在生前，預先成立遺囑信託（類似「附有負擔贈與」的概念），就能夠讓老先生的遺囑，對兩個兒子產生一定的約束力及強制力。

當然，假設考慮更周全一些，避免兩個兒子因爲同時繼承兩間房產，且產權因爲「公同共有」，在協議分割時產生爭執及無法解決，也可以先在遺囑中，去分配一樓及二樓，各要給哪一位子女？以杜絕日後子女拿到房產後，爲了「如何分割」的問題，而吵的不可開交。

識財經
安養信託【實例篇】：
樂享晚美人生，讓親情不變調

作　　者—李雪雯
視覺設計—徐思文
主　　編—林憶純
企劃主任—王綾翊

總 編 輯—梁芳春
董 事 長—趙政岷
出 版 者—時報文化出版企業股份有限公司
　　　　　108019 台北市和平西路三段 240 號 7 樓
　　　　　發行專線—（02）2306-6842
　　　　　讀者服務專線—0800-231-705、（02）2304-7103
　　　　　讀者服務傳真—（02）2304-6858
　　　　　郵撥— 19344724 時報文化出版公司
　　　　　信箱— 10899 臺北華江橋郵局第 99 信箱
時報悅讀網— www.readingtimes.com.tw
電子郵箱— yoho@readingtimes.com.tw
法律顧問—理律法律事務所　陳長文律師、李念祖律師
印　　刷—勁達印刷有限公司
初版一刷— 2023 年 10 月 20 日
定　　價—新台幣 420 元

時報文化出版公司成立於 1975 年，並於 1999 年股票上櫃公開發行，於 2008 年脫離
中時集團非屬旺中，以「尊重智慧與創意的文化事業」為信念。

安養信託（實例篇）：樂享晚美人生，讓親情不變調 / 李雪雯作 . -- 初版 . --
臺北市 : 時報文化出版企業股份有限公司 , 2023.10
　　240 面 ;17*23 公分 . -- （識財經）
　　ISBN 978-626-374-139-3（平裝）
　　1.CST: 退休 2.CST: 信託管理 3.CST: 個人理財 4.CST: 生涯規劃
　　544.83　　　　　112011621

ISBN 978-626-374-139-3
Printed in Taiwan